生活リスクマネジメントのデザイン 第3版

リスクコントロールと保険の基本

亀井克之

協力
日新火災海上保険株式会社
株式会社アドバンスクリエイト

イラスト
村上あかり
中塚登美子
亀井克之
朝陽このみ
上坂　朝

法律文化社

はしがき

　本書は「生活×リスクマネジメント×デザイン」をテーマにしている。

　奈良由美子教授は，「生活者による生活リスクマネジメントは，生活上のリスクとその悪影響を，計画的で効率的な資源の獲得や分配をもって小さくしようとするもの」と定義した。そして，その目的を「生活の安全・安心を確保することによって生活のよりよさの実現に資すること」とした（奈良由美子『改訂版 生活リスクマネジメント』放送大学教育振興会，2017年，98-99頁）。

　一方，山崎亮教授の言葉を借りれば，デザインとは，「課題の本質を掴み，それを美しく解決すること」である（山崎亮『コミュニティデザイン』学芸出版社，2011年，235頁）。したがって，生活上のリスクに対応するきっかけを作るのが生活リスクマネジメントのデザインだと考える。

　本書をまとめるうえでヒントを得たのが，2018年1月31日と2月1日にロンドンにあるロイヤル・カレッジ・オブ・アート（RCA）で開催された Design for Safety（安全のためのデザイン）というシンポジウムである。「アート・デザイン部門」で世界大学ランキング第1位の RCA では，インダストリアル・デザイン分野のアッシュレー・ホール（Ashley Hall）教授らが中心となって，船舶やテムズ川の安全をデザインすることに取り組んできた。

　「安全のためのデザイン」については，安全な街づくり，機械の安全設計，安全標識・ピクトグラムなど，さまざまな分野がすでにあるが，RCA の取り組みなどで，より一般化していくことが期待される。この流れを受けて，本書では Design for Risk Management（RM）という考え方を着想した。

　まことに拙い内容だが，本書がリスクマネジメントの学習者に参考になれば幸いである。出版にあたっては，日新火災海上保険㈱，㈱アドバンスクリエイト，大森勉さん，安生誠さん，辻廣道さんをはじめとする多くの方にお世話になった。心より感謝申し上げたい。

2018年2月

亀 井 克 之

第2版のためのはしがき

　2020年，私たちは新型コロナウィルス感染症という未曽有のリスクに直面している。まさしく生活リスクマネジメントが全世界で展開されている。どのような環境や条件（ハザード）で感染するのか。感染の拡大によってどのような損失（ロス）がもたらされるのか。感染拡大の可能性（リスク）や感染による危機（クライシス）をどのように制御（マネジメント）するのか。人類の英知を結集して，社会全体で連携してリスクコントロールすることが求められている。

　初版では，高槻市の港製器工業が開発した「木の塀」（スーパーフェンス）を紹介する形で，老朽化したブロック塀の危険性について取り上げた。ところが，初版を刊行した翌月の2018年6月18日に大阪府北部地震が発生し，同じ高槻市の小学校で，ブロック塀が倒壊し，小学生の女子児童が犠牲になった。

　第2版では，初版に全面的に加筆し，修正を施した。まことに拙い内容であるが，本書が読者の皆様に何らかの参考になれば幸いである。

2020年5月

亀 井 克 之

第3版のためのはしがき

　2024年は，元日に能登半島地震，翌2日に羽田空港で飛行機事故が発生するという激動の幕開けとなった。現代社会は Volatility 変動性，Uncertainty 不確実性，Complexity 複雑性，Ambiguity 曖昧性の頭文字をとって，VUCA な時代と言われる。近年，VUCA な時代そのものに，さまざまなリスクが顕在化している。こうした背景の下，生活に焦点をあてた本書が読者の皆様の参考になれば幸いである。

2024年5月

亀 井 克 之

Grand Design for Risk Management

「リスク感性」の向上法

① 異文化体験　異なる分野・立場・年代の人との交流
② アートに触れる（絵画・映画・演劇を観る，文学を読む，詩を読む，音楽を聴く）
③ 歴史上の人物が，リスクに直面したとき，いかなる決断をしたかを知る

USJ の旧アクション・コード

Decide Now. Do it Now. …… 今決めよう。今しよう。
Everything is possible. ……… あらゆることには可能性がある。
Swing the bat!……………… バットを振ろう！（行動に移そう）

リスクマネジメントの「り」論

【リスクの「り」──ジレンマ（決断の分かれ道）】

先送り…………先送りする　←→　今すぐ実行する
縦割り…………縦割りで全体のリスクが見えない　←→　横のつながりを持つ
偽　り…………嘘をついてそれが発覚　←→　指摘される前に正直に公表
見て見ぬふり…「否認」　←→　都合の悪い事実を受け入れる　聴く耳を持つ
先走り…………不確かな情報に基づいて行動　←→　確かな想定に基づく対応
ひとりよがり…自分勝手　←→　人の意見を聴く
ひきこもり……孤立，視野が狭い，大局観の欠如　←→　人との交流，
　　　　　　　　　　　　　　　　　　　　　　　　　　　リスク感性を磨く
焦　り…………焦る，あわてる　←→　落ち着く，時間管理

【リスク対応の「り」──リスペクト（大切にする）】

つながり………横のつながり，風通しのよい組織
思いやり………目配り，気配り，周囲の人へのリスペクト
段取り…………4 つの定：特定・想定・決定・改定
語　り…………話し合い，共通理解
ぬくもり・手触り・彩り・香り…自分の 5 感（目・耳・口・鼻・指）
悟　り…………落ち着く
ふりかえり……失敗に学ぶ，災害の教訓に学ぶ
眠　り…………しっかり眠り休息する
走り・踊り……運動，健康維持
きらりと感性のひかり…リスク感性を発揮して決断

も　く　じ

第 I 部　リスクマネジメントの基本的なデザイン
〈生活リスクマネジメント〉

第 II 部　リスクコントロール
〈生活リスクマネジメントにおける予防〉

第Ⅲ部 リスクファイナンス
〈生活リスクマネジメントにおける保険〉

第Ⅳ部 実践講義録

1 安全・安心な社会を支える保険制度
▶保険会社が語る生活リスクと保険の実際

◉日新火災海上保険株式会社

2　経営学のデザイン
▶スライドを通して経営学の基本を学ぶ

Design for RM

リスクマネジメントの基本的なデザイン

〈生活リスクマネジメント〉

| 1 | リスクとは(1)

■ 国際規格はリスクをどのように定義しているか

　2002年に発表されたリスクマネジメント用語の国際規格 ISO/IEC Guide 73：2002は，「リスク」を「事象の発生確率と事象の結果の組合せ」と定義した。関連して ISO/IEC Guide 73：2002において，「結果」は「事象から生じること」と定義された。また安全に関する国際規格 ISO/IEC Guide 51：1999は，「リスク」を「危害の発生確率及びその危害の重大さの組合せ」と定義した。

　これらの定義をふまえて，2009年に発表されたリスクマネジメントの国際規格 ISO31000：2009（2018年に改訂され ISO31000：2018）とリスクマネジメント用語の国際規格 ISO73：2009は，「リスク」を「目的に対する不確かさの影響」（effect of uncertainty on objectives）と定義するようになった。

■ リスクにはどのような要素があるか

　安全管理や保険管理を中心とする伝統的なリスクマネジメント論では，リスクは「事故発生の可能性」と理解され，次の要素を含む。

　①ハザード（hazard）：事故発生に影響する環境・条件・状況，②エクスポージャー（exposure）：リスクにさらされる人・物，③リスク（risk）：事故発生の可能性，④ペリル（peril）：事故，⑤クライシス（危機）：事故の可能性の接近・事故の結果の持続，⑥ロス（loss）：損失。

　リスクマネジメントの規格では，「ペリル（peril）：事故」の代わりに「イベント（event）：事象」という用語が用いられている。

■ カプランとマイクスによるリスクの３分類

　予防すべきリスク（Preventable Risk），外襲的リスク（External Risk），戦略リスク（Strategy Risk）。

ワーク①：「リスクの要素」を用いて，日常生活のリスクを説明してみよう。

リスクの要素

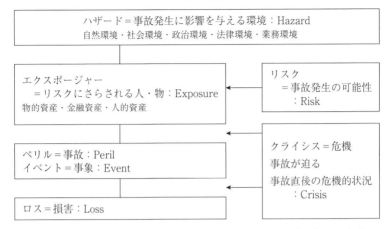

ハザード＝事故発生に影響を与える環境：Hazard
自然環境・社会環境・政治環境・法律環境・業務環境

エクスポージャー
　＝リスクにさらされる人・物：Exposure
物的資産・金融資産・人的資産

リスク
　＝事故発生の可能性
：Risk

ペリル＝事故：Peril
イベント＝事象：Event

クライシス＝危機
事故が迫る
事故直後の危機的状況
：Crisis

ロス＝損害：Loss

（出所）　亀井克之・杉原賢彦『フランス映画に学ぶリスクマネジメント』ミネルヴァ書房，
　　　　 2022年，18頁

感染症とリスクの要素

ハザード：3つの密
　　　　　①換気の悪い密閉空間
　　　　　②多数が集まる密集場所
　　　　　③間近で会話や発声をする密接場面
エクスポージャー：人
リスク：感染の可能性
ペリル，イベント：感染（せき，発熱，重症肺炎につながる場合も）
クライシス：感染の可能性が高い状況。感染直後・症状悪化の状況。
ロス：感染により通常の活動ができなくなることによる損失。
　　　治療・入院による費用。健康の喪失（重症・死亡）。

純粋リスクと投機的リスク Pure Risk and Speculative Risk

純粋リスク Pure Risk	予防すべきリスク Preventable Risk： 事故，ミス，ルール違反，不祥事	「防ぐ」 Prevent	防災
	外襲的リスク External Risk： 自然災害，感染症，環境の急変	「守る」 Protect	減災
投機的リスク Speculative Risk	戦略リスク Strategy Risk： 新規事業，投資，勝負の決断に伴うリスク	「とる」「挑む」 Take	挑戦

| 2 | リスクとは(2)

◼1 リスクの本質

　「『リスク（risk）』という言葉はイタリア語の risicare という言葉に由来する。この言葉は『勇気を持って試みる』という意味を持っている。この観点からすると，リスクは運命というよりは選択を意味している。」（バーンスタイン著・青山護訳『リスク』日本経済新聞社，1998年，23頁）

　「リスク（risk）という英語は，もともとラテン語の risicare が語源である。この risicare の risi の部分は cliff（崖）を意味するギリシャ語から派生しており，risicare 全体として，『岩山の間を航行する』という意味があると説明される。」（石井至『リスクのしくみ〔第2版〕』東洋経済新報社，2012年，12頁）

◼2 純粋リスクとは何か　投機的リスクとは何か

　伝統的なリスクマネジメント理論における，最も基本的なリスクの分類が，純粋リスク（pure risk）と投機的リスク（speculative risk）による分類である。

　純粋リスクとは，事故や自然災害のように，それが現実化した場合に，「損失のみが発生する場面におけるリスク」である。一方，投機的リスクとは，損失（失敗）と利益（成功）の両方の可能性がある場面における不確実性に関連する。「リスクをとる」とか「リスクテーキング」（リスク負担を伴う決断）という場面において，失敗する可能性が投機的リスクである。生活リスクマネジメントの場合，何か新しいことに挑戦するときに，あるいは何か重要な選択をするときに，失敗するかもしれないというリスクを受け入れることで，はじめて私たちは成功に近づくことができる。

ワーク②：私たちは，純粋リスクについて「防ぐ」「守る」努力をすると同時に，投機的リスクを「とって」日常生活を送っている。私たちの生活にはどのような純粋リスク（予防すべきリスク，外襲的リスク）があるだろうか。私たちはどのような投機的リスク（戦略リスク）をとって生活を送っているだろうか。

伝統的分類：純粋リスクと投機的リスク

純粋リスク：「防ぐ」「守る」	投機的リスク：「とる」
予防すべきリスク 外襲的リスク	戦略リスク
・偶発的リスク，事故リスク，静態的リスク ・リスクによる損失を「防ぐ」，リスクから「守る」という場合のリスク ・偶発的事象・事故に伴うリスク ・損失を発生させる ・受容されたリスクではない ・純粋リスクによる損失は限定不可能である ・時間に関わりなく，また前兆なく発生する ・当事者の意思とは関係なく発生する偶発的事象 ・保険可能リスク（insurable risk） ・防災など自然科学的対策により軽減することが可能 ・具体例：事故，自然災害，賠償責任，怪我，病気など ・事故・災害発生の**可能性** ・損失発生の**可能性**	・ビジネス・リスク，動態的リスク ・「リスクをとる」「リスクテーキング」（リスク負担を伴う決断）という場合のリスク ・自分の決断によって負担するリスク（作るリスク） ・決断・行動に伴うリスク ・決断に基づく，受容されたリスクである ・投機的リスクは限定可能。例えば，投資額を限定することによって，失敗した場合の損失を限定することが可能である ・決断と実行，環境の変化の後，時間の経過を経て，何らかの予兆を伴って発生する ・保険化不可能 ・決断に伴うリスクであるゆえに，自然科学的対策が困難 ・損失が発生するか，利益が発生するか，わからないという場面での，損失の可能性 ・具体例：進学先の決定，就職先の決定，結婚の決断，住居の決定，新しく何かを始める決断をする場面で失敗する可能性

イラスト　村上あかり

| 3 | リスクマネジメントとは

■ リスクマネジメントをどのように定義するか

　リスクマネジメントとは，リスクを克服するためのマネジメント，ノウハウ，システム，対策などを意味する。ISO31000：2009（2018年に改訂され ISO31000：2018）と ISO73：2009は，リスクマネジメントを「リスクについて，組織を指揮統制するための調整された活動」（coordinated activities to direct and control an organization with regard to risk）と定義している。

　世界に先駆けて発表されたリスクマネジメントの規格はオーストラリアとニュージーランドによる規格 AS/NZS 4360：1995（改訂版1999）である。それは「リスクマネジメントとは，損失を回避，低減することと同様好機を特定することでもある」（Risk management is as much about identifying opportunities as avoiding or mitigating losses.〔AS/NZS 4360：1999，英和対訳版，日本規格協会，2000年，1頁〕）と定義していた。再改訂版の AS/NZS 4360：2004は次のようにリスクマネジメントを定義している。リスクマネジメントとは「負の影響を制御しながら，潜在的な機会を実現する方向に指揮される文化，プロセス，構造である」（the culture, process and structures that are directed towards realizing potential opportunities whilst managing adverse effects）。

■ リスクマネジメントの本質としての決断

　リスクマネジメントの本質は「決断」にある。その要点を以下に記す。

- リスクを「特定」（調査・確認）し，その可能性と影響について「想定」（分析・評価）し，どのように対応するかの「決定」に至る決断
- 将来の巨額の損害発生の可能性について，現在の確定した小規模費用に置き換える決断（保険についての決断）
- 「リスクの最適化」（ロスの最小化とベネフィットの最大化）の決断
- 最悪の事態（ワースト・シナリオ）から逆算して今なすべきことの決断
- 2つのC（Communication ＝リスク対応についての共通理解，Coordination ＝リスク対応のための態勢づくり・調整）を土台にした決断

ワーク③：自分流のリスクマネジメントの定義をつくってみよう。

Design for RM ①

<h3 style="text-align:center">リスクマネジメントのＣＳＲ</h3>

Choice　選択の決断：
- ・事故や災害にどのように備えるかの選択，リスクをとって何をするかの選択。
- ・感染症対策の場合，どのような感染防止策をとるかの選択。

Someday Somewhere　最悪の事態（ワースト・シナリオ）の想定：
- ・いつかどこかで災害に遭遇するのではないかと意識して生活する。
- ・感染症対策の場合，自分自身が感染したとき，家族が感染したとき，どこに連絡して，どこで自主隔離し，どこで治療を受けるかを考えておく。

Respect　現場へのリスペクト：
- ・自分を支えてくれる人へのリスペクト。現場でリスク対応に尽力している人へのリスペクト。
- ・感染症が流行している場合，まず第一に医療従事者，救命活動をしている消防関係者，エッセンシャルワーカーへのリスペクト。

＊　通常，経営学でCSRという場合，企業の社会的責任（Corporate Social Responsibility）を意味する。

イラスト　村上あかり

|4| リスクマネジメントのルーツ

　企業経営における実践という観点からみるとリスクマネジメントのルーツは2つある。まず，1910年代，第一次世界大戦に敗れ，ドイツ経済が悪性のインフレに苦しんでいた時に，ドイツ企業が展開した，リジコ・ポリティクである。リジコ・ポリティクはドイツ語で「危険政策」を意味し，経営破綻からの防衛戦略を意味した。もう一つは，1929年の世界大恐慌に直面してアメリカ企業が展開した，倒産回避のためのコスト管理を中心とした防衛戦略である。これらが1950年代にアメリカでリスクマネジメントとして定着した。

　理論的に世界で初めて企業経営におけるリスクマネジメントの重要性を指摘したのはフランスのアンリ・ファヨールである。ファヨールは鉱山会社の社長を長年務め，炭鉱という危険と隣り合わせの現場をいかに管理し，安全かつ効率的に経営するかに努力した。引退後1916年に発表した『産業ならびに一般の管理』により経営管理論の創始者として知られる。この本のなかで，ファヨールは，企業活動には①生産，②販売，③財務，④会計，⑤保全，⑥管理という6つの職能があると指摘した。ファヨールが「資産と従業員の保護」と定義した「保全的職能」こそが現在のリスクマネジメントに相当する。

　アメリカではギャラガーが1956年に『ハーバード・ビジネス・レビュー』誌に「リスクマネジメント―コスト管理の新側面」という論文を発表し，リスクマネジメントの理論は発達した。この頃より，「どこまで安全にコストをかけられるか」はリスクマネジメントの究極の課題である。

　日本には，1960年代から70年代にかけて，アメリカの保険管理型リスクマネジメント理論が紹介された。当初は，保険管理や安全管理と同義とみなすのが一般であったが，現在では経営管理や経営戦略と関連する経営学の一分野として確立され，学際的な展開をみせている。リスクマネジメントの考え方は，企業だけでなく，個人，家庭，地域社会，学校，非営利団体，地方自治体，政府，国家などにあてはめられて考えられるようになった。

ワーク④：リスクマネジメントに影響を及ぼした出来事について調べてみよう。その出来事から学んだ教訓は何だろうか。

　　　　例：キューバ危機（1962），グリコ・森永事件（1984-85），阪神・淡路大震災（1995.1.17），地下鉄サリン事件（1995.3.20），アメリカ同時多発テロ（2001.9.11），東日本大震災・福島第一原子力発電所事故（2011.3.11），御嶽山噴火（2014.9.27），フランス・パリのテロ（2015.11.13），熊本地震（2016.4.14, 16），大阪府北部地震・高槻市小学校ブロック塀倒壊事故（2018.6.18），平成30年7月豪雨（西日本豪雨）（2018.6.28〜7.8），台風21号・関空被害（2018.9.4），新型コロナウィルス感染症（2020），ウクライナ戦争（2022），福島ALPS処理水の海洋放出開始，能登半島地震（2024）。

Design for RM ②

リスクマネジメントと危機管理（クライシスマネジメント）

■事前のリスクマネジメント（事故・災害発生前）

・気づく力としての「リスク感性」の発揮

・リスクの洗い出し（リスクの特定・想定）

・もしもの時の行動ルール作り，災害対策，事故防止，保険加入，資金準備（リスク対応策）

・平常時からリスクを意識し訓練（シミュレーション訓練）

■事後の危機管理（事故・災害発生後）

・決断力としての「リスク感性」の発揮

・リーダーシップ・決断・コミュニケーション

・レジリエンス（乗り越える力，逆境に適応する力）

・失敗に学ぶ・災害から教訓を得る

ポイント◉危機管理・クライシスマネジメント（Crisis Management）：

　クライシスの語源はギリシア語のKrisis（決断）にあり，良い方向または悪い方向への分岐点，ターニングポイント，重大な局面を意味する。もともと医学分野で，病気が治癒するか悪化するかの分岐点を意味し，「前兆期」「急性期」「休息期」「回復期」に分けて考えられる。局面がどのように推移していくかを示す概念である。医学用語で言う「終末期」を回避して「回復期」につなげること，つまり事故や災害によって組織が破綻したり，人間が死亡したりしないようにすることがクライシスマネジメントである。

| 5 | リスクマネジメントのプロセス(1)：ISO31000より

　2018年に改訂されたリスクマネジメントの国際規格ISO31000は，あらゆる組織に適用できるリスクマネジメントの①「枠組み（フレームワーク）」と②「プロセス」を明確にしている。

　①「枠組み」では，リスクマネジメントをＰＤＣＡのマネジメント・サイクル，すなわち計画（Plan），実行（Do），検証・評価（Check），是正・改善（Action）にあてはめている。

　②「プロセス」では，リスクマネジメントのプロセスを示している。2018年の改訂版では，2009年版の「組織の状況の確定」から「適用範囲・状況・基準」（Scope, Context, Criteria）という表記になった。

リスクマネジメントのプロセス ISO31000：2018 Risk Management Process の概略

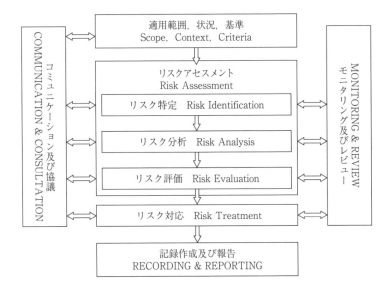

（出所）　日本規格協会『対訳 ISO31000：2018』2019年，18-19頁に基づいて作成

ワーク⑤：日常生活におけるリスクとリスク対応について，リスクマネジメントのプロセスにあてはめて，まとめてみよう。

リスクマネジメントのプロセス

（ISO31000：2018に基づいて作成）

イラスト　上坂　朝

| 6 | リスクマネジメントのプロセス⑵：キーワード

リスクマネジメントのプロセスとは，まず第1にPDCAサイクルである。

Plan（計画）：リスクマネジメントの計画

Do（実行）：リスクマネジメントの組織体制づくりと実施

Check（統制）：リスクマネジメントの成否についての検証

Action（改善策の実行）：失敗からの学習・災害の教訓を次の計画に反映

第2に，4つの「定」である。

特定⇒リスクアイデンティフィケーション：リスクを発見する

想定⇒リスクアセスメント：リスクについて予測する

決定⇒リスクトリートメント：リスクにどう対応するか決断する

改定⇒リスクマネジメントの計画を修正する

リスクマネジメントのプロセスとキーワード

①**特定** リスクを発見する（Risk Identification）
  →「どのようなリスクがあるのか？」
  ＊「リスク特定」「リスクの調査・確認」「リスクの洗い出し」
②**想定** リスクについて予測する（Risk Assessment）
  →確率・頻度「どれくらいよく発生するのか？」
  →強度・重度「発生した結果，どのような事態になるのか？」
  ＊「リスクアセスメント」「リスクの評価・分析」「想定」
    確率と強度に基づいてリスクを書き込んだ「リスクマップ」の作成
③**決定** リスクに対応する・リスク処理手段を選択する（Risk Treatment）
  →「リスクにどのように対応するのか？」「事故防止と損害軽減のために何をするか？」
  ＊「リスクトリートメント」「リスク対応」「リスク処理手段の選択」「選択」「決断」
④**改定** 「失敗に学ぶ」「災害の教訓に学ぶ」「修正」

■リスク対応の2本柱
  ①リスクコントロール（事故の防止・物理的な災害対策）
  ②リスクファイナンス（金銭的な準備・保険の活用）
■リスク対応の4つの手段
  ①回避（避ける・やめる）
  ②除去・軽減（減らす）
  ③転嫁・移転（他に移す）・共有（分担する）
  ④保有・受容（受け入れる）

ポイント◉リスクマネジメントは3×4

　3つのリスク（防ぐ・守る・とる）×4つのプロセス（特定・想定・決定・改定）

Design for RM ③

失敗に学ぶ。災害の教訓に学ぶ。

■ PDCA サイクルにおける A の重要性

⇒ Plan（リスク対応の計画）

⇒ Do（リスク対応の実行）

⇒ Check（リスク対応が有効であったかの検証）

⇒ Action（失敗に学び，災害からの教訓に学んで，リスクマネジメントの計画を
　　修正する）⇒

4つの「定」

イラスト　上坂　朝

| 7 | リスクの特定（調査・確認）

　自分の生活や組織に最もふさわしい形のリスクマネジメントを展開するには，まず状況を把握する必要がある。そのポイントは，①どのような「状況」や「環境」に置かれているか，②どのような「資産」を保有しているか，③どのような「理念」を掲げ，どのような「戦略」を展開しているかの３点である。ISO31000:2018における「リスクアセスメント」の第１段階がリスクの「特定（調査・確認）」である。これはリスクを洗い出して「発見」することである。

　リスクの特定においては次の３点に留意する。

　①エクスポージャー（リスクにさらされる自分の心身と持ち物・財産）

　　＝人的資産（心身の健康）と物的資産（持ち物・財産）のチェック

　②どんな事故や災害の可能性があるか

　　＝健康へのリスク，資産へのリスク，責任リスク，費用リスク

　③事故や災害が，どんな損失をもたらすか

　　＝健康に関わる損失，物的損失，債権回収不能，利益喪失，損害賠償責任

　リスクの特定の原則は，①ダブル・チェック（例：印刷の校正），②方法や手段の組み合わせ（例：医師による問診，視診，聴診，触診の組み合わせ），③調査順序を変え，調査のマンネリ化に伴う見落し防止（例：警察の犯罪捜査），④既知の情報・常識・先入観からの脱却（暗黙知にリスク発見の糸口），⑤直観，リスク感性の発揮，⑥ハインリッヒの法則（Heinrich's law）に留意，である。

　⑥ハインリッヒの法則とは，重傷や死亡を引き起こす１件の重大な事故の背景には，軽症を伴う29件の事故があり，その背景には日常的なヒヤリとしたりハッとしたりする300の出来事（ヒヤリハット）があるとする考え方である。米国の損害保険会社に勤務していたハインリッヒが1930年代に発表した。ヒヤリハット事例を経験した時に，「大事故につながらなくてよかった」ですませるか，「これは大事故の予兆かもしれない」と意識するかが，リスクマネジメント成否の分岐点となる。

ポイント1◉リスクの三様相

　　リスクは隠れている・繰り返す・変化する

ポイント2◉いかなるツールを使おうとも，何より大切なのは現場で自分の目・耳・口・手・足を使って調査をすること。自分の足で現場に行き，自分の目で現場を観察し，自分の手で現物に触れること，自分の口から当事者に直接質問を発し，話に耳を傾けること。直観やリスク感性を発揮すること。

ポイント3◉東日本大震災と原発事故では「想定外」という言葉を使って専門家が責任逃れした。東日本大震災後は，リスク特定（調査・確認）において最悪の事態（ワースト・シナリオ）を「想定」することが重要となっている。

ワーク⑥：自分の生活におけるリスクを洗い出してみよう。（防ぐ・守る・とる）
　　　　　どのような純粋リスク（事故・災害）が考えられるか。
　　　　　どのような投機的リスク（戦略・決断に伴うリスク）をとっているか。

イラスト　上坂　朝

| 8 | リスクの分析・評価（予測）

■1 リスクの分析・評価（予測）における2つの軸

　リスクの想定（分析・評価）は，特定（調査・確認）されたリスクを分析し，その程度を検討し，その影響度を予測することを意味する。想定すべきことは，①事故の発生確率・頻度（frequency）と，②事故が発生した結果，生じる損害の規模，すなわち事故の強度（severity）である。つまり特定（調査・確認）されたリスクが，いかなる確率と頻度で現実の事故として発生し，その結果，いかなる影響を及ぼすかを想定する。想定（分析・評価）に基づいて，次のステップであるリスク処理手段の決定（リスク対応）へと連動する。

■2 リスクの「見える化」

　リスクをできるだけ目に見える形にしたものが「リスクマップ」である。リスクマネジメントの担当責任者だけがリスクを認識していても，他の構成員が認識不足であれば，組織全体としてのリスクコントロールは向上しない。リスクマップでは，誰が見てもリスクを認識できるようにする。地理的なもの，頻度と強度のマトリクス図などがある。

■3 リスクの想定（分析・評価）の原則

　①理性と感性，統計・データと経験・勘（直観）を組み合わせる。②演繹法と帰納法など，複数の異なるロジックを活用する。③大きなリスクの前兆か，小さなリスクの全体かを見分ける。④個人や現場で対応できるリスクか，組織全体で対応すべきリスクかを峻別する。

イラスト　村上あかり

　なお，ハザードマップと言う場合，それは自然災害の被害予測地図である。具体的には，自然災害による被害を予測して，被害が及ぶ範囲，被害の程度，避難経路，避難場所などを地図上に示したものである。

ポイント⊙2011年3月11日に発生した福島第一原子力発電所事故の後，発生頻度（Frequency）が小さくても，発生すると甚大な被害をもたらす，強度（Severity）の大きい巨大事故・災害に備えることの重要性が再認識されている。

ワーク⑦：リスクマップやハザードマップの例をあげてみよう。

イラスト　村上あかり

| 9 | リスク対応（選択・決断）

「リスク対応」＝「リスクトリートメント」とは「リスク処理手段の選択」を意味する。リスク処理手段の選択は，リスク処理手段を一定の基準に応じて有効適切に選択し，その最善の組み合わせに関する決断をなすことである。これは「リスクコントロール（事故防止）」と「リスクファイナンス（資金準備）」の2本柱と，「回避」「除去・軽減」「転嫁・移転・共有」「保有・受容」の4手段で構成される。

オーストラリアとニュージーランドによるリスクマネジメントの規格 AS/NZS 4360:2004は「リスクトリートメント」を次のように定義している。

「リスクに対処するため適切な方法を選択し実行すること（selection and implementation of appropriate options for dealing with risk.）」。

リスクコントロールとリスクファイナンス

リスクコントロール	
ハード・コントロール：事前の物理的な予防・事故防止・損害軽減策の採用 ソフト・コントロール：教育・訓練，話し合い・共通理解，理念の共有	
回避（やめる）	リスクを伴う行動の中止
除去・軽減（減らす）	リスクの防止（予防，軽減） リスクの分散・結合
リスクファイナンス	
事故発生に備えた財務手段・事故発生後の資金繰りと補償・資金の手当て	
転嫁・移転（他に移す） 共有（分担する）	保険・共済の利用
保有・受容（受け入れる）	リスク負担，積み立て・貯蓄

（出所）亀井克之『決断力にみるリスクマネジメント』ミネルヴァ書房，2017年，18頁

ワーク⑧：学園祭，スポーツの試合，音楽ライブ，演劇など，イベントのリスク対応策を考えてみよう。

イラスト　村上あかり

| 10 | リスクコントロールとリスクファイナンス

　リスク処理手段は，リスクコントロール（危険制御＝事前の事故防止）とリスクファイナンス（危険財務＝資金の準備）とに大別される。リスクコントロールはロス（損失・損害）につながる可能性のあるペリル（事故）の発生を事前に防止し，万一発生した場合には，損害（ロス）をできるだけ少なくするような手段の採用である。すなわち，損害発生前の損害の防止または軽減のための技術操作を意味する。リスクコントロールは，ハード・コントロール（物理的な対策）とソフト・コントロール（教育，訓練，話し合い）に分かれる。

　自動車の運転を例にすれば，体調不良あるいは睡眠不足である場合に車の運転をとりやめる（リスクの回避），運転する際はスピードを落とし前後左右の確認を徹底する（リスクの除去・軽減＝事前防止），シートベルトをする（事後の損失の軽減）などがリスクコントロールに相当する。一方，自動車保険への加入（リスクの転嫁・移転）がリスクファイナンスに相当する。

　組織や個人は，リスクを「回避」せず行動を起こした場合，できる限りリスクを「除去・軽減」しようと努める。それでも残存する「残余リスク」について，他者にリスクを「転嫁・移転」したり，他者とリスクを「共有」しようとする。転嫁・移転あるいは共有しきれない部分について，リスクを「保有・受容」することになる。

　なお，リスクの保有には，①リスクに対する無知から結果的に保有していたという「消極的保有」と②リスクを十分認識したうえでこれを保有するという「積極的保有」の2つがある。積極的保有の場合であっても，あらかじめ何らかの対策を立てた上で保有する場合と，何も対策を講じず放置する場合（先送り）とがある。前者が望ましい。

ワーク⑨：自分の生活にはどのような事故や災害のリスクがあるだろうか。
　　　　　それに対して，あなたはどのように対処しているだろうか。
　　　　　どのように事故を防止しているだろうか。
　　　　　どのような保険に加入しているだろうか。

イラスト　上坂　朝

Design for RM ④

私たちの生活とは

リスクコントロール（災害や事故のリスクに備えること）をしながら
リスクテーキング（リスクをとって新しいことに挑戦）をすること。

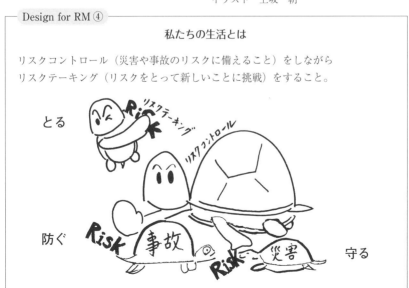

イラスト　亀井克之

|11| リスクコミュニケーション

　リスクコミュニケーションとは，社会学，心理学，工学，リスク研究の分野で研究されている概念で，ISO Guide73:2009 は次のように定義した。

　「意思決定者と他のステークホルダーの間における，リスクに関する情報の交換，又は共有。備考：ここでいう情報はリスクの，存在，性質，形態，発生確率，重大さ，受容の可能性，対応，又は他の側面に関連することがある。」

　リスクマネジメント研究の観点から捉えた場合，リスクそのものに関する情報の交換・共有だけではなく，上記定義の備考にあげられた「対応」についても留意する必要がある。

　したがって生活リスクマネジメントにおけるリスクコミュニケーションとは，①自分が直面するリスク，自分が所属する組織を取り巻くリスクにはどのようなものがあるか，②そのリスクに対してどのように対応するかを，(a)家庭内で家族と，(b)自分が所属する組織の内部で同僚と，(c)家庭を取り巻く地域社会の中で，(d)自分が所属する組織の外部のステークホルダー（利害関係者）との間で話し合って，共通理解を図ることである。

　2020年，新型コロナウィルスが猛威を振るっている。「新型コロナウィルス感染症がもたらすリスクとは何か」「どのように感染防止（リスクコントロール）すればよいか」についてのリスクコミュニケーションが全世界で展開されている。

リスクコミュニケーション

イラスト　村上あかり

ワーク⑩：リスクコミュニケーションのゲーム「クロスロード」をしくみよう。

　　　　クロスロードとは，英語で「岐路」，「分かれ道」を意味する。自然災害では，「二者択一」を迫られるような状況に直面する。災害対応は，ジレンマを伴う重大な決断の連続である。「クロスロード」は非常事態を疑似体験して，判断力を磨くためのゲームとして，京都大学の矢守克也教授が開発した。進め方は，問題カードとイエス・ノーカードを使って行う。問題を読み上げ，その状況でどうするかを考え，イエスか，ノーか，どちらかのカードを示す。問題ごとに，「なぜ Yes か」「なぜ No か」について参加者間でふりかえる。このゲームでは，絶対的な正解は存在せず，この「ふりかえり」の意見交換こそが大切である。参加者は，同じ１つの状況に対して，異なるさまざまな考え方があることを実感できる。

〈クロスロード「神戸編」からの問題例〉

①あなたは食品担当の職員である。被災から数時間が経った状況で，避難所には3000人が避難しているとの確かな情報が得られた。現時点で確保できた食料は2000食。以降の見通しは，今のところなし。まず，2000食を配る？

　　　　　　　YES（配る）or NO（配らない）？

②あなたは市役所の職員である。未明の地震で，自宅は半壊状態。幸い怪我はなかったが，家族は心細そうにしている。電車も止まって，出勤には歩いて２，３時間が見込まれる。出勤する？

　　　　　　　YES（出勤する）or No（出勤しない）？

イラスト　村上あかり

Design for RM ⑤

リスクマネジメントの３つのC

Choice　選択（リスク対応策の決定）：
　決断，リーダーシップ

Coordination　調整（リスクマネジメントの態勢づくり）：
　思いやり，気配り，目配り

Communication　共通理解（リスクに対処するための話し合い）：
　語り合い，理解

3つのリスク ✕ 4つのプロセス

✕

イラスト　上坂　朝

リスクコントロール

〈生活リスクマネジメントにおける予防〉

| 1 | アルコール・薬物のリスク

■ アルコールのリスク

　WHO（世界保健機関）2018年の報告書によれば，過度の飲酒が原因の病気や事故による死者が2016年に世界で約300万人に上った。全死者の5.3％に相当する。2014年の発表によれば2012年の肝硬変による死者の50％，口腔ガン・咽頭ガンによる死者の30％，交通事故死者の15％は飲酒が原因とみられた。2010年5月にWHOは総会でアルコール飲料の安売りや広告宣伝についての規制案を盛り込んだ決議をしたが，一層の対策を各国に促している。

　大学では新入生歓迎会（新歓）等で，「未成年の飲酒」や「イッキ飲み」によって，急性アルコール中毒が発生する。最悪の場合は死亡に至るリスクである。そこには，「被害者になるリスク」と「加害者になるリスク」が共存する。

　「飲酒」に関わるリスクコントロールのポイントは，「無理にお酒をすすめられたら，『体質に合わない』という理由で断わること」「『このくらいなら』という油断が取り返しのつかない事態を招くこと」「飲んでいる薬がお酒といっしょに服用していいものであるかを確認すること」である（三菱総合研究所・全国大学生協連『最新対応版　大学生が狙われる50の危険』青春出版社，2014年，31-34頁）。

■ 薬物のリスク

　UNODC（国連薬物犯罪事務所）は，2010年5月に「世界の合成薬物報告」を公表した。それによると覚せい剤のメタンフェタミンの押収量がアジア太平洋地域を中心に急増しており，日本が主要な密輸先の一つであると指摘した。どこでも簡単に生産できるメタンフェタミンの取引はアジアで広域化・活発化しており，アジアでの押収量は過去最大の36トンに達したという。警察庁によると日本における押収量は2013年は約850キロで，前年の倍以上に急増している（共同通信『海外リスク情報』2014年5月20日）。

　薬物の場合，リスクコントロールとして，「軽い気持ちで手を出すと身を滅ぼす」，そして「薬物は中毒性があり，社会復帰には多大な苦労と時間を要する」ことを認識しなければならない（前掲書178-180頁）。

ワーク⑪：あなたと飲酒についてふりかえってみよう。あなたが参加する懇親会ではどうか。

Design for RM ⑥

リスクマネジメントの2つのN

No, thank you.（いいえ結構です）：

　不審な勧誘，不審な販売，飲酒の強要，薬物の勧誘

Neglect.（無視）：

　不審な請求，不審な誘い，不審なメール，不審な URL や添付ファイル

イラスト　村上あかり

｜2｜感染症のリスク

　麻疹（はしか），インフルエンザなど感染症のリスクについてのリスクコントロールのポイントは「①手洗いやうがいを面倒くさがらず行うこと」「②インフルエンザが流行しているときは，不特定多数の人が集まる場所へはなるべく行かないこと」「③かかってしまったら，外出をせず，他人にうつさないようにすること」である（三菱総合研究所・全国大学生協連『最新対応版　大学生が狙われる50の危険』青春出版社，2014年，148-150頁）。

　食中毒のリスクコントロールのポイントは，「①生鮮食料品は，新鮮なものを購入すること」「②手を洗い，台所をいつも清潔にすること」「③調理をするときは，火をしっかり通すこと」である（同上〔2011年版〕，139頁）。

　病気のリスクコントロールのポイントは「①自分の住まいの近くの病院，救急病院を調べておくこと」「②小さな違和感でも，おかしいなと感じたら，いろいろと相談すること」に始まる（同上〔最新対応版〕，142頁）。

　2020年5月に日本政府は新型コロナウィルス対策の「新しい生活様式」を発表した。

　(1)　一人ひとりの基本的感染症対策　感染防止の3つの基本：①身体的距離の確保，②マスクの着用，③手洗い，□人との間隔は，できるだけ2ｍ（最低1ｍ），□遊びに行くなら屋内より屋外，□会話する際は，可能な限り真正面を避ける，□外出時，屋内にいるときや会話をするときは，症状がなくてもマスクを着用，□家に帰ったらまず手や顔を洗う。できるだけすぐに着替える。シャワーを浴びる。□手洗いは30秒程度かけて水と石けんで丁寧に洗う（手指消毒薬の使用も可）。

　(2)　日常生活を営む上での基本的生活様式：□まめに手洗い・手指消毒，□咳エチケットの徹底，□こまめに換気，□身体的距離の確保，□「3密」回避（密集，密接，密閉），□毎朝の体温測定，健康チェック，発熱又は風邪の症状がある場合はムリせず自宅で静養。

ワーク⑫：体調管理や感染症の予防として気をつけていることを書き出してみよう。

─ Design for RM ⑦ ─

健康であることが最大のリスクマネジメント

食事：体にいいものを食べていますか？　自分で料理ができますか？

睡眠：しっかり睡眠をとっていますか？

バーンアウト：燃え尽き症候群のような働き方になっていませんか？

健康：日常的に健康に留意し，健康の向上に努力していますか？

運動：歩いていますか？　座ってばかりしていませんか？　階段を上っていますか？　エレベーターばかり乗っていませんか？

悩み：相談相手がいますか？　気分転換していますか？　マイ癒しがありますか？

ストレス：健全なストレスの解消策をお持ちですか？

ほほえみ：今，笑っていますか？　にこやかですか？

イラスト　朝陽このみ

| 3 | マインドコントロールと宗教カルトのリスク

　「カルト」とは，元来熱狂的な会員や信者の集まりを意味し，現在では反社会的な活動を行なう組織や団体を指すのに用いられる。

　「宗教団体からの勧誘」は，大学生協のアンケート調査（2009）によると，入学後に遭遇したトラブルのなかで，交通事故の5.5％に次いで多く第2位である。全回答者の4.5％が何らかの形で宗教団体の勧誘を受けたと答えている。

　一般にリスクは，以下に示すような3つの様相を呈する。

> ①リスクは隠れている（Risk hides.）
> ②リスクは変化する（Risk changes.）
> ③リスクは繰り返す（Risk repeats.）

　悪質な宗教団体からの勧誘リスクは，次節で取り扱う商業カルトからの勧誘リスクと同じように，「隠れている」「形を変える」「繰り返す」という特徴がある。最初は宗教団体とは思わせず，イベント，ボランティアなどのサークル活動にみせかけて勧誘する。言葉巧みに誘ってくるので要注意である。

　大学生の場合，悪質な宗教団体からの勧誘にうっかりと応じてしまうと，次のようなリスクに遭遇する可能性がある。

- 会費と称して高額のお金の支払いを強要される。
- さまざまな活動への参加を強要され，授業への出席が難しくなる。
- やめようと思っても抜け出すことができない。
- 自分が勧誘活動を始めると，そのせいで，大切な友人を失ってしまう。

　悪質な宗教団体からの勧誘についてのリスクコントロールのポイントは，大学生の場合はまず次の3点である。

(1)不審に思ったら，話を聴かないようにして，とにかく断る。

(2)入会してしまったら，友人や親に相談する。

(3)大学の相談窓口を利用する。

　　　　　（三菱総合研究所・全国大学生協連『最新対応版　大学生が狙われる50の危険』
青春出版社，2014年，14-17頁）

ワーク⑬：1995年3月20日に東京で発生した地下鉄サリン事件とオウム真理教について調べてみよう。

ポイント◉2022年7月に元首相銃撃事件が発生し，旧統一教会を巡る「高額献金」や「政権与党の政治家との関係」がクローズアップされることとなった。

イラスト　村上あかり

イラスト　中塚登美子

│4│商業カルトのリスク

　悪質商法に対するリスクコントロールについては，WEB上で公開されている『若者をねらう悪質商法から身を守る，大学生のためのダマされないチカラ養成 HandBook』（全国大学生協連合会）が参考になる。以下はその抜粋である。

　【悪質商法の種類】迷惑メール，ワンクリック詐欺，不当請求，架空請求詐欺，フィッシング詐欺（金融機関などからの正規のメールを装う），デート商法，ネットオークション詐欺，マルチ商法，キャッチセールス，資格商法，アポイントメントセールス（「抽選に当たったので商品を取りに来て」），当選商法 （「懸賞金が当たりました！」「当選しました！」），かたり商法（身分詐称「消防署の方から来ました。消火器の点検をします」）。

■消費者トラブルに巻き込まれないための7か条：

　①いらないものは「いりません」とはっきり断ることが肝心。

　②呼び出しや甘い誘いには簡単にはのらない。

　③すぐ契約せず，よく確かめて，家族，友人，など信頼できる人に相談を。

　④個人情報を安易に提供しない。

　⑤納得できない請求への支払いは慎重に。

　⑥ネット取引では，相手の連絡先の確認と契約成立の画面を保存する。

　⑦おかしいと思ったら，近くの相談窓口へ。

■スマホやパソコンの不正請求トラブルについてのリスクコントロール：

- 利用していないならば，一切応じない！　支払わない！
- 携帯番号やメールアドレスだけでは，住所や氏名は相手にはわからない！
- 自分から個人情報を伝えない！　無視するのが一番！
- 不審なメールに記された URL をクリックしない！
- 不審なメールの添付ファイルを開かない！

ワーク⑭：あなたの友人が，あなたに対して，悪質商法・商業カルトと思われるものの勧誘をするようになった。あなたはどのように対処するか。

【闇バイトに注意】

　SNS には，仕事の内容を明らかにせずに，高額な報酬の支払いを示唆して，犯罪の実行者を募集する投稿が掲載されている。簡単に高収入を得られるなら，と応募して，強盗や詐欺といった犯罪に加担することとなり，逮捕された人が多くいる。犯罪グループは雇った人を都合よく利用した後「捨て駒」として切り捨てる。待ち受けているのは重い刑罰だ。

　「必要なお金が貯まるまで」「一回だけなら大丈夫」などと一人で判断せずに相談する必要がある。(警視庁の WEB サイトより)

イラスト　中塚登美子

| 5 |自然災害

　自然災害の多い日本に住んでいる限り，いつか，どこかで，何らかの形で，自然災害に遭遇する可能性がある。いつ，どこで，どのように活動していようとも，「もしかしたら自然災害が発生するかもしれない」という思いを心の片隅に持ちながら生活することが重要である。そして具体的に備えることである。その第一歩は次の5点である。

- 住んでいる地域のハザードマップを調べてみる。
- 大雨の場合（津波の危険がある場合），早めに避難所か高い所に避難する。
- 地震が起きた場合の避難所を確認する。
- 水は命！　今から備蓄しておく。
- 部屋の中で高い所に物を置かない。家具を固定する。

（三菱総合研究所・全国大学生協連『最新対応版　大学生が狙われる50の危険』青春出版社，2014年，92頁）

ワーク⑮：東日本大震災に立ち向かったリーダーや，被災地発のアイディアを語る人たちが登場する「TEDxTohoku」の動画を検索して見てみよう。
ワーク⑯：以下の事項を具体的に確認してみよう。
- 住んでいる地域では過去にどのような災害が発生したか。
- 避難場所はどこか。
- 耐震化チェックをしているか。
- 家具はどのように固定しているか。
- 食料・飲料は備蓄しているか。
- 非常用持ち出し袋を用意しているか。
- 懐中電灯やラジオなどを用意しているか。
- 災害伝言ダイヤル（171）の使い方を理解しているか。
- 家族会議を開いているか。
- 防火・防災訓練に参加しているか。
- 原子力発電所の近辺に住んでいる場合，自然大災害発生時の避難経路や避難場所を把握しているか。

> **Design for RM ⑧**
>
>
>
> **今やろう！**
>
>
>
> わずか130円の絶対的な推薦書：
> 『東京防災　今やろう。災害から身を守る全てを。』（東京都，2015年）
> ＊東京都防災ホームページで最新版の全頁 PDF を公開

奇跡のジーンズ

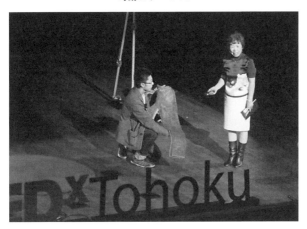

津波で流されても糸がほつれていなかったメイド・イン・ジャパンのデニム
TEDxTohoku 2011におけるオイカワデニム 及川秀子社長（当時）のプレゼン。
（2011年10月30日，東北大学，川内萩ホール）（写真提供　TEDxTohoku）

発見された時のままの状態で保管されている
「奇跡のジーンズ」を見せる及川洋社長
（2018年10月12日　気仙沼オイカワデニムにて）

写真撮影　亀井克之

イラスト　村上あかり

| 6 | 犯罪のリスク

■ 犯罪被害者とは？

犯罪により被害を受けた人（本人）

＊その家族または遺族…身内が傷ついているのを見て自分の心も痛む

■ 被害の内容

1．直接被害

財産的被害，物理的・生理的な身体的被害は被害として認識されるのは明らかだが，それ以外の被害についても，近年，注目されている。

• ＰＴＳＤ（Post Traumatic Stress Disorder）：心的外傷後ストレス障害。トラウマとなる出来事の後に被害者に精神障害が起き，長期間にわたり社会生活に適応できない症状。

• ＡＳＤ（Acute Stress Disorder）：急性ストレス障害。極端に外傷的ストレス因子にさらされた後，１カ月以内に生じる特徴的な不安，身体・感情・思考の麻痺（乖離）等の症状の発現。

＊１カ月以内の短期的症状はＡＳＤ，それ以上継続するものはＰＴＳＤ

2．二次被害

直接的な被害による生活上の支障や捜査，司法機関に関わることによる負担，近隣の無責任なうわさ話やマスコミの取材，報道などにより被害後新たに生ずるさまざまな問題に遭う。被害者や家族を援助すべき専門家の対応も二次被害の原因となる。

■ 犯罪統計（内閣府「令和５年版　犯罪被害者白書」参照）

1．刑法犯：罪種別，認知件数の推移

刑法犯の認知件数は，1996年から毎年戦後最多を記録し，2002年には369万3928件にまで達したが，2003年に減少に転じて以降，年々減少し，2022年は60万1331件であった。2003年からの減少は，窃盗の認知件数減少に伴う。

２．特定罪種別，死傷別，被害者数

　交通事犯を除き，人が受傷した刑法犯総数は２万3117件，うち，傷害罪２万466件，殺人罪745件，強制わいせつ罪233件。

３．罪種別，被害者の年齢・性別，認知件数

　１位：窃盗 40万7911件，２位：器物損壊等 ５万4750件，３位：詐欺 ３万7928件，４位：暴行 ２万7849件，５位：占有離脱物横領 １万2335件

４．罪種別，被害者の職業別，認知件数

　大学生が被害者の罪種は，１位：窃盗 ５万1795件，２位：占有離脱物横領 1934件，３位：器物損壊等 1369件，４位：暴行 1001件，５位：強制わいせつ 825件（「平成28年版　犯罪被害者　白書」）

５．罪種別，被疑者と被害者との関係別，検挙件数

　１位：窃盗，２位：占有離脱物横領については，ほとんどが面識なしだが，３位：器物損壊等は，25％が知り合い，４位：暴行は，47％が知り合い，５位：強制わいせつは，27％が知り合いとなっている。（同上）

６．罪種別，被害者の世帯構成別，認知件数

　2013年調査の世帯構造割合調査に照らし，侵入犯である窃盗犯は一人暮らし世帯に多く，器物損壊や強制わいせつ罪は独居および夫婦のみの世帯以外世帯の割合が高い。

４ 犯罪被害者に対する弁護士による支援

１．主として被害発生から公訴提起まで

①法律相談，②被害届提出，③告訴・告発，④事情聴取同行，⑤捜査機関からの情報入手・交渉，⑥報道機関への対応・折衝：捜査機関への被害者個人情報秘匿の申入れ・マスコミへの取材自粛要請・報道被害の救済，⑦示談交渉，⑧犯罪被害者等給付金の申請，⑨検察審査会申立

２．主として公訴提起から刑事判決まで

⑩法廷傍聴同行，⑪証人尋問・意見陳述援助，⑫刑事記録閲覧謄写，⑬加害者側との対話，⑭刑事手続における和解の交渉

３．刑事判決終了から

⑮損害賠償請求（民事訴訟）・損害賠償命令の申立，⑯有罪裁判確定後の加害者

に係わる通知・保護処分を受けた加害者に係わる通知（少年審判後の通知），加害者の処遇状況に係わる通知，仮釈放（仮退院）の意見聴取など

4．服役後
⑰服役後の加害者に関する情報の入手活動

5 ストーカー被害
　特定の者に対する恋愛感情などの好意の感情，またはそれが満たされなかったことに対する怨恨の感情を充足する目的で，その特定の者またはその家族などに対して行う行為（つきまとい行為）

6 デート DV 被害
　恋愛的な関係における二者の間でふるわれる暴力と，それによる支配被支配の関係，虐待状況，主体性の侵害

7 性暴力被害
　本人の意思に反する性的な行為（強姦〔未遂も含む〕，強制わいせつ，不快な行為〔痴漢，セクハラ〕）をさし，必ずしも処罰の対象とならない行為も含まれる。

（安生誠氏の提供資料より）

ワーク⑰： 犯罪被害にあわないためにどのようなことに気をつけているか。
　　　　例：音楽を聴きながら歩かない。歩きスマホしない。複数で帰る。迎えに来てもらう。周囲確認。背後に注意。
　　　　　エレベータ内で背中を向けない。エレベータ内で 2 人きりにならない。おかしいと思えば降りる。
　　　　　夜間は明るくて人通りの多い道を歩く。コンビニに立ち寄ったら不審者注意。戸締り。死角に注意。冷静に。
　　　　　別れるときはきっぱりと別れる。

Design for RM ⑨

南フランスでの生活体験より：リスク文化のちがい

**南仏　サント・ビクトワール山のふもとの
ル・トロネ村**

　フランスのプールは深い。小さい子どもは必ず両腕に浮き輪をつける。柵が義務づけられる前は，自宅のプールに幼児が落ちて死亡する事故が頻発した。

　日本のプールは浅い。溺死の確率は低くなるが，ふざけて飛び込んで底で頭を打って重傷となる事故が毎年必ず起こる。

南仏　バル・ダロス

　スキー用品を買って車のトランクに入れて，食事に行って帰ってくると，すべて盗まれていた。車のトランクに買い物袋をいっぱい入れたまま駐車したら，狙われるのはあたり前であった。後日，被害額は海外旅行傷害保険で補償された。

　フランスのスキー場ではリフト券を買う際に，「保険付きですか」「保険なしですか」と尋ねられる。保険付きのリフト券の方が当然高い。このような場面でリスクファイナンスをどうするかの決断を迫られる。

**南仏　エクス・アン・プロヴァンス市
マルセル・パニョル小学校**

　フランスの小学校では親が子どもの送り迎えをする。外国人が日本を訪れて驚くことの１つが，低学年の児童が一人で歩いて登校したり，放課後一人で出歩いている光景だという。

写真撮影　亀井克之

| 7 |ハラスメントのリスク

■ ハラスメントとは

ハラスメントとは，本人が意図するかしないかにかかわらず，自分より下位または弱い立場にある者に対して，威圧感，不快感，嫌悪感，不安感，恐怖感，屈辱感などの精神的な苦痛を与えて，就業，学習，研究などの意欲を減退させ，職場環境や教育研究環境を悪化させる不適切な言動を意味する。ハラスメントには，セクシャル・ハラスメント（セクハラ），アカデミック・ハラスメント（アカハラ），パワー・ハラスメント（パワハラ）等がある。

(1) セクシャル・ハラスメント：性に関する言動によって，他者に不快感・脅威・屈辱感や不利益を与え，職場環境や教育研究環境を悪化させること。

　例：「彼氏はいる？」等の発言。性的冗談。意に反する接触。食事の勧誘。

(2) アカデミック・ハラスメント：教育研究の場において，優越的な地位にある者（教員）が下位にある者（学生・生徒）に対して，不適切な言動や指導を行い，学習や研究の意欲を減退させ，学習環境や研究環境を悪化させること。

　例：過度の叱責。特定学生に研究指導をしない。論文を受理しない。

(3) パワー・ハラスメント：職務上またはさまざまな活動において，優越的地位にある者が，下位または不利な立場にある者に対して，不適切な言動を行ったり，不利益をもたらしたりして，職場環境や教育研究環境を悪化させること。

　例：評価に関する権限濫用。不正・違法行為の強要。私的活動への参加強要。

■ ハラスメントのリスクコントロール

ハラスメントのリスクに対するリスクコントロールは，以下が基本である。

- 加害者リスク⇒立場を利用していないか，自問してみる。
- 被害者リスク⇒一人で抱え込まない。友人や相談窓口に相談する。
　　　　　　　　⇒被害にあっていそうな人の相談に乗ってあげる。
- 冤罪リスク⇒疑われるような状況を作らない。

（三菱総合研究所・全国大学生協連『最新対応版　大学生が狙われる50の危険』青春出版社，2014年，155-160頁）

【新型コロナウィルスに関連したハラスメント事例】

　感染者が立ち寄ったというデマが流された飲食店に対する誹謗・中傷。感染者や感染者の家族に対する誹謗・中傷。マスクをしない人に対する嫌がらせ。医療関係者や家族に「近寄らないで」などの言動。感染者や医療関係者，エッセンシャルワーカーに対するハラスメントは他国にはあまり見られない現象だった。

ワーク⑱：ハラスメントの当事者にならないために，日常的に注意していることをあげてみよう。

様々なハラスメント

セクハラ　過度なスキンシップ・言動等

パワハラ　過剰な叱責等

アルハラ　飲酒の強要

アカハラ　大学などの教育機関での権力を利用した圧力や嫌がらせ等

カスハラ　顧客からの理不尽なクレームや言動等

イラスト　上坂　朝

│8│インターネット・SNS・スマホのリスク

　インターネットや携帯電話・スマートフォン（スマホ）の普及により人々の生活は便利になった。しかし，新しい技術は，新しいリスクをもたらすことを忘れてはならない。

　スマホの登場によって，インターネットの接続・利用や，SNS（Social Networking Service）への参加がさらに容易で便利になった。一方で，利用者は，①ネット上でのプライバシー漏洩，②SNSの利用が契機となるトラブル・犯罪，③ワンクリック詐欺，④金融機関を装ったフィッシング詐欺，⑤ネットゲーム利用による高額課金，⑥依存症，⑦迷惑メール，⑧IDとパスワードを盗むことによるアカウント乗っ取り（なりすまし），⑨スマホのアプリ利用に伴う危険性，⑩歩きスマホによる事故など，実に多くのリスクにさらされることとなった。

　インターネット上では，1つのクリック，1つの書き込み，1通のメール，一度の入力が，取り返しのつかないことになる危険性がある。一度残された情報は，完全に削除することができず，どこかに残っている可能性がある。

　以下はインターネット・SNS・スマホを利用する際のリスクコントロールの要点である（三菱総合研究所・全国大学生協連『最新対応版　大学生が狙われる50の危険』青春出版社，2014年，参照）。

①身に覚えのないメールは一切無視する。返信してはいけない。

②有料サイトにアクセスしたり，リンクをクリックしただけで会員登録となったり，高額な料金を請求されたりしても，一切応じない。身に覚えのない請求や契約意思のない契約料の請求が来ても無視する。

③怪しいサイトは見ない。怪しい添付ファイルは開かない。

④Facebook，X（Twitter），Instagram 等のSNSでは，セキュリティの設定をきちんとしたうえで，誰に見られてもよい情報のみを書く。完全な匿名は無理だと考える。

⑤ネット上で他人の誹謗中傷をしない。写真をアップする際はくれぐれも注意。

⑥複数のサービスで，同じ ID とパスワードを使い回さない。

⑦ネットカフェなどでは，カード情報や ID，パスワードを入力しない。

⑧スマホのアプリをインストールする際は，検索して評判を確認する。

⑨スマホのアプリをインストールする時に，コミュニティサイトとの連携を求められても，必要でない場合には拒否する。

オンライン会議システム Zoom の注意事項：常に最新バージョンを公式サイトから入手。会議 URL が正しいものか確認。URL，ID，パスワードは参加者のみに伝達。「待機室」機能を使って，承認した人だけ入室を認める。

【学生による迷惑行為にＵＳＪが厳正に対処した事例】

- 2013年の新聞報道内容
  「大学生らＵＳＪに大迷惑」
  「後絶たぬネット上での不適切言動」
  「ジュラシック・パーク・ザ・ライドからの飛び降りや飛び乗り⇒ライドの運休」
  「ウォータースライダーをわざと転覆」
  「ライドで上半身裸になり写真撮影」
- 騒動のきっかけとなったのは学生によるＳＮＳ上でのつぶやき
  「バックドロップに乗って，横に乗り出して手を広げたら，柱に手をぶつけて，手首を骨折した。本日運転停止になった」（以前に手首を骨折した時のレントゲン写真を添付）
  ⇒ついにＵＳＪは学生に対して厳正な対応をした
- 教　　訓
  　インターネット上では，1つのクリック，1つの書き込み，1通のメール，一度の入力があらゆる意味で取り返しのつかない事態をまねく可能性がある。
  ⇒心の隙にリスク（魔）は存在する。

（大森勉氏の提供資料より）

ワーク⑲：インターネット，携帯，スマホ，SNS を利用する際のリスク対策をリストアップしよう。

| 9 | 就職活動とリスクマネジメント

■ 就活はいつから始まるのか：タイムテーブル

　ほとんどの学生が経験する就職活動（略して "就活"）。いつから就活が始まるかについて毎年ニュースで話題になるが，そんな就活の決まりを作っているのが日本経済団体連合会（経団連）という組織——各種メーカーや銀行など約1300社が会員として所属——である。多くの企業が経団連の提唱する「採用選考指針」に従うため，選考を始める時期はある程度決まってくる。近年（2018年1月現在）の就活のタイムテーブルは以下のようになっている。

【3年生】インターンシップ（春）　　　6月〜8月
　　　　　合同企業ガイダンス　　　　11月〜2月
　　　　　インターンシップ（秋）　　　1月〜2月
【4年生】［企業の広報活動開始　3月］
　　　　　企業訪問・面接　　　　　　3月以降
　　　　　中小企業内定　　　　　　　4月下旬以降
　　　　　大企業内定　　　　　　　　6月以降

■ 計画と実践の就活

　どんな仕事に就きたいのかを考え，入社したい企業を決め，試験，面接……内定をもらうまで，就活は長丁場だ。就活の計画をたて，その実践の積み重ねによって初めて希望がかなうのである。

【3年生での必須対策】
　• 早めの業界研究や企業研究
　　　インターンシップ積極参加
　　　大学OBなどからの情報収集
　　　企業の人事部との接触
　• 自分自身をよく知る
　　　将来のキャリアプランに沿った学生生活
　　　必要とされるスキルの習得

　　　　本当にやりたいことを探る

【4年生での必須対策】

・大企業だけに絞り込まない。同一業界の中小企業にもアタックする

・面接対応スキルをアップさせる

　　　コミュニケーション力

　　　志望動機の明確化

　　　人事が見るポイントの研究

　就活の開始は人それぞれともいえる。企業研究や自己分析，インターンシップなどは3年生にならなくとも始めたいと思ったときに始められる。特にインターンシップは1・2年生から参加するのもよい。

❸ 就活に潜むリスク

　志望する企業・業界に就職したにもかかわらず短期で辞めるケースが多い。2020年3月卒業の新規大卒就職者の3年以内の離職率は32.3%にも上る（厚生労働省発表）。ミスマッチによる離職である。

　ミスマッチが起きる可能性をできる限り抑えるために，とりわけ企業情報の収集における留意点として，「実態とのギャップに注意」し，「売り手市場のトレンドに流されない」ことが大切である。

　就活は初めての経験だけに，不慣れなことや，学生の常識では通じないことも多い。就活経験を成長の糧とするためにも，就活に潜む3つのリスクをおさえておこう。

【重要リスク1：SNS掲載方法】

　人事部はFacebook，X（Twitter），LINE，Instagramなどでの個人情報発信内容をチェックしているので，積極的な内容発信を心がけることが大切である。また，企業は実名でない投稿に不信感を持つので，少なくともFacebookでは実名掲載をしよう。

ポイント◉新卒一括採用。大学3年から着手が求められる就職活動。「ガクチカ？」，「オヤカク」……。日本企業による採用活動は世界的に見て異様ではないか。

【重要リスク2：就活うつ】

　2007〜2015年までの7年間で「就活自殺」（就職活動がうまくいかず精神的に追いつめられて死を選ぶ）が218人に上っている（警察庁発表）。ある調査によると，就活中の学生の7人に1人がうつ状態になると言われているが，森岡孝二教授〔企業社会論〕の話では，実際にはこの数倍規模という。

　就活自殺の背景には過酷な就活の実態があり，4年生の夏が近づくと不登校になる学生も出てくる。人生初の挫折経験が「就活」ともいえる。

　以下のような症状があらわれると「就活うつ」を疑ってみよう。

　　睡眠障害　　　食欲減退　　　何をしても楽しめない　　　集中力の低下

　　あらゆる意欲の低下　　　社会的関心低下　　　気分の落ち込み

　　自殺願望　　頭痛　　めまい　　　手足しびれ　　　だるさ　　　微熱

　心に不調があると，正しい就活はできない。自分で解決しようとしないで，すぐに人に相談することが大切だ。また，仲間を作って自分を共有するとともに，「心の中の言葉の癖」を楽観的なトーンにすることで，硬直した就職観から解放されることも必要であろう。

【重要リスク3：ブラック企業】

　「ブラック企業」とは“従業員に対して，劣悪な環境での労働を強いる企業”のことをいうが，以下の3点が定義として考えられる。

①長時間労働・ハラスメントが常態化している。

②残業代や手当の未払いなどの違法労働が行われている。

③社員が「使い捨て」状態になっている。

　ブラック企業の実態を世間に知らしめた事件として，電通の過労死自殺事件がある。

【電通　過労死自殺事件】

・2014年春，当時東京大学文学部4年生だった高橋まつりさんは電通の内定を決める。

・試用期間後，正社員になると2015年10月以降1カ月の時間外労働は過労死ライン

とされる80時間を大きく上回る105時間となる。そこから自殺に至るまでに1カ月半。
・2015年12月25日，電通女子寮4階の手すりを乗り越えて飛び降りた。

　電通の事件は，高い企業理念も歪んで伝われば長時間労働の是認になること，間違った価値観を押し付ける画一主義を私たちはともすればチームワークとはき違えること，を教えてくれた。また，ブラック企業は外見や企業名＝ブランドだけではわかりにくい・見えにくいだけに，その本質を見抜くことが大切である。①反社会的勢力の影響下にある企業（フロント企業などであるが，最近は巧妙にカモフラージュしている），②重労働やハラスメントが常態化している企業（外見は一流に見えるが，労働環境に問題がある）は，注意を必要とする。

　ブラック企業には，「見かけが良い」「実績を膨らませる」「良いところしか見せない・言わない」の特徴があるが，それを見極めるには，まず裏情報をとることである。

〈ブラック企業見極めポイント〉

①長時間労働（45時間以上の残業）　②休日が少ない（平均120日，80日以下）

③給料が低い　　　　　　　　　　　④残業代が出ない

⑤従業員の入れ替わりが激しい　　　⑥簡単に入社できる

⑦上司や社長が絶対　　　　　　　　⑧パワハラ・セクハラ

⑨精神論がよく出てくる（やればできる，感謝，仲間）

⑩求人票に抽象的な言葉が出てくる

　就活で大切なことは，その企業が社員を大切にしているかどうか――その指標は，福利厚生が整っていたり，離職率が低いなど――を見極めることであり，就活の最終目標はホワイト企業に入社することである。

【推薦図書】宮里邦雄・川人博・井上幸夫『就活前に読む　会社の現実とワークルール』旬報社，2011年　　　　　　　　　　　　　　　　（大森勉氏の提供資料より）

イラスト　朝陽このみ

リスクファイナンス

〈生活リスクマネジメントにおける保険〉

| 1 | 保険とは(1)：損害保険の意義と位置づけ

◼ 損害保険の意義

　現代社会で活動する個人と組織は，さまざまな事故に遭遇する可能性にさらされている。こうしたリスクに対して，私たちは，まず事故発生を防止（リスクコントロール）しようとする。さらに，事故が発生して損害がもたらされる場合に備えて財務的手段（リスクファイナンス）を採用する。その最も重要な手段が損害保険である。

　損害保険は次のように定義される。

　「一定の偶然の事故によって生ずることのある損害をてん補することを約し，保険料を収受する保険」（保険業法3条5項1号）

◼ リスクマネジメントにおける損害保険の位置づけ

　リスクとは，損害をもたらす事故が発生する可能性・不確実性である。リスクマネジメントとは，個人と組織の安全・安心を脅かすリスクについて，それを特定（発見）（リスクアイデンティフィケーション）し，想定（評価・分析）（リスクアセスメント）し，費用対効果を考慮のうえでリスク対応（リスクトリートメント）手段を決定し実行することである。

　リスク対応には，リスクコントロール（事故防止）とリスクファイナンス（事故発生後に備えた財務手段の準備）という2本柱がある。

　さらに，回避（避ける），除去・軽減（減らす），転嫁・移転（他に移す）あるいは共有（分担する），保有（受け入れる）の4手段に分類される。

　損害保険は，2本柱のうちのリスクファイナンスと4手段のうちの転嫁・移転・共有に位置づけられる。

ワーク⑳：このような保険があればいいなと思うものをあげてみよう。

リスクマネジメントのプロセス

リスク＝事故発生の可能性→損害発生の可能性

① リスクの**特定**（調査・確認）（リスクアイデンティフィケーション）
リスクの発見
リスクの洗い出し←「どんな事故が想定されるか？」

② リスクの**想定**（分析・評価）（リスクアセスメント）
リスクについての予測
　　←確率・頻度「その事故はどれくらいよく発生するか？」
　　←強度・重度「その結果，どのような損害が想定されるか？」

③ リスク処理手段の**選択・決定**（リスク対応，リスクトリートメント）
「想定されるリスクにどのように対応するのか？」
「事故防止と損害軽減のために何をするか？」

④ リスクマネジメント計画の**改定**
「失敗に学び，どのように見直すのか？」
「災害からどのような教訓を導き出すのか？」
「不十分だった部分をどのように改めるのか？」

リスク対応（リスクトリートメント）

リスクコントロール
ハード・コントロール：事前の物理的な予防・事前の事故防止・損害軽減策の採用
ソフト・コントロール：理念の共有，共通理解，教育・訓練
回　　　避：リスクを伴う行動の中止
除去・軽減：リスクの防止（予防・軽減），リスクの分散・結合

リスクファイナンス
（事故発生に備えた財務手段・事故発生後の資金繰りと補償）
転嫁・移転・共有：**損害保険**，共済，基金，ＡＲＴ（代替的リスク移転手段）
保　有　・　受　容：リスク負担，自家保険，キャプティブ

以下は企業のリスクファイナンスを考える際の用語
＊　ＡＲＴ：Alternative Risk Transfer（代替的リスク移転手段）
　　＝保険以外の複雑な金融商品によるリスクの移転
＊　自家保険＝事故に備えて資金を積み立てておくこと。
＊　キャプティブ＝グローバル企業などが，自分の会社専門の損害保険子会社を設立して，そこで損害
保険を引き受けてもらう場合，その損害保険子会社をキャプティブという。

| 2 | 保険とは⑵：損害保険の要件

　損害保険とは，「火災や交通事故など，同種同質のリスク（事故発生の可能性）にさらされた多数の個人や組織が１つの団体を構成し，統計的に算出された保険料を出し合って資金を構成し，偶然に発生した事故によって，集団の構成員の一部が損害を被った場合に，その資金から保険金を受け取って，損害を補償するというリスク共有（risk share）の制度」と定義できる。

　損害保険には次の要件や原則がある。

- **大数の法則**（law of large numbers）
  —同種同質のリスクにさらされた人やものが多数存在する。
  —保険契約者一人一人にとっては偶発的な事故であっても，大人数で構成された集団全体で見れば，一定の確率で発生することが予想できる。
  —ただし，そうした人や物に同時発生して壊滅的な被害を及ぼさない。
- **保険事故の偶発性**
  —偶然に発生した事故のみ損害保険の対象となる。故意に引き起こされた事故は対象外。
- リスクは経済的・客観的に測定可能
  —金銭として見積もり可能（**被保険利益**が存在すること）
- リスクが公序良俗やモラルに反していないこと。
- **収支相当の原則**
  —保険契約者が支払った保険料の総額と事故に遭った人が受け取る保険金の総額が一致する。
  —N（保険契約者数）× P（保険料）＝ R（保険金受取人数）× Z（支払保険金）

ワーク㉑：保険料が値上がりするのはどのような場合か。
　　　　　収支相当の原則の式を参考にして説明してみよう。

Design for RM ⑩

損害保険として成立する要件

【自動車保険】

　自動車事故は毎年数多く発生する（大数の法則）。1つ1つの事故は偶然発生し，過去の事故のデータから発生確率も算定可能である（事故の偶発性）。交通事故による運転者のケガや死亡，自動車の破損による損失や損害賠償額は算出できる（経済的・客観的に測定可能で被保険利益が存在）。多くの保険契約者が支払う少額の保険料がプールされて，少数の事故被害者に高額の保険金が支払われる（収支相当の原則）。損害保険の成立要件を充足するので自動車保険は成立する。

【失恋保険】

　失恋する人は数多い。しかし，一目ぼれで偶然的に恋に落ちることはあるが，失恋は偶然起こるとは言いがたい。性格の不一致などの必然的な原因がある。失恋の痛みを経済的・客観的に測定することは難しい。失恋は偶然性に欠け，被保険利益が算出困難であり損害保険の要件を充足しないので，損害保険（リスクファイナンス）として成立しない。恋愛成就は幸福であり，ひたすらそのために努力（リスクコントロール）することが大切であろう。

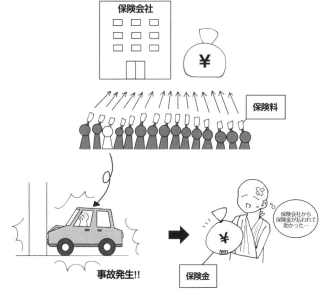

　イラスト　上坂　朝

| 3 | 保険とは(3)：保険の用語

　保険料とは，保険契約者が保険契約に基づいて保険会社に支払う金銭のことである。

　保険金は，保険契約により補償される事故によって損害が生じた場合に，保険会社が被保険者に支払う金銭のことである。

　被保険者とは，「保険の補償を受ける人」「保険の対象になる人」をさす。保険契約者と同一の人である場合もあれば，別人である場合もある。「保険契約者」は，保険会社に保険契約の申込みをする人をいう。契約が成立すれば，保険料の支払い義務を負うことになる。

　保険の目的とは，保険をつける対象のことである。火災保険での建物・家財，自動車保険での自動車などをさす。「保険の目的物」，「保険の対象」，「保険の対象となる物」と言い換えられる。

　被保険利益とは，ある物に偶然な事故が発生することにより，ある人が損害を被るおそれがある場合に，そのある人とある物との間にある利害関係を意味する。損害保険契約は損害に対し保険金を支払うことを目的とするから，その契約が有効に成立するためには，被保険利益の存在が前提となる。

　保険価額とは，被保険利益を金銭に評価した額，つまり保険事故が発生した場合に被保険者が被る可能性のある損害の最高見積額である。

　保険金額は，保険契約者と保険会社が交わす保険契約において定められる契約金額のことである。保険事故が発生した場合に，保険会社が支払う保険金の限度額となる。

　保険事故とは，火災や自動車事故など，保険契約において，保険会社がその事故の発生を条件として保険金の支払いを約束した偶然な事故をいう。

　保険証券は，保険契約の申込み後，その保険契約内容を証明するため，保険会社が作成し保険契約者に交付する書面のことである。

　保険約款は，保険契約の内容を定めたもので，保険契約者の保険料支払いや告知・通知の義務，また保険会社が保険金を支払う場合の条件や支払額などについて記載されている。保険約款には，同一種類の保険契約のすべてに共通な

契約内容を定めた普通保険約款と，普通保険約款の規定内容を補充・変更・限定する特別約款（特約条項）とがある。

　保険料率とは，保険料を算出するうえで用いる割合で，単位保険金額あたりの金額で表される。

　免責とは，「保険金を支払わない場合」である。保険契約において保険金が支払われない（補償されない）事項を定める場合があるが，これを免責または免責事項という。保険事故が発生しても，免責事項に該当する場合には補償されないので注意する必要がある。「免責金額」は，自己負担額のことである。一定金額以下の小さな損害について，契約者または被保険者が自己負担するものとして設定する金額をいう。

ワーク㉒：保険料と保険金の違いを考えてみよう。
ワーク㉓：保険事故と免責について考えてみよう。
ワーク㉔：保険会社の広告やパンフレットを用意しよう。2人1組になり，1人が保険会社の営業職員役を演じて，「保険料」と「保険金」，「保険事故」と「免責事項」などの保険用語を必ず用いて，商品の説明をしてみよう。

Design for RM ⑪

免責（保険金が支払われない場合）に注意

　損害保険を契約する場合，保険金が支払われるのはどのような場合（保険事故）か，損害が発生しても保険会社が保険金支払い責任を負わないのはどのような場合（免責）かを認識する必要がある。
　海外旅行保険では，一般的に被保険者の傷害・疾病・賠償責任・携行品損害・救援者費用について保険金が支払われる。次のような原因で生じた損害は免責で保険金が支払われない。
　海外旅行保険の免責例：故意（わざとしたこと），戦争，携行品の自然消耗・さび・変色，置き忘れまたは紛失（置き忘れ後の盗難も），山岳登はんやハングライダーなどの危険な運動による損害，無免許・酒気帯び運転

| 4 | 損害保険の沿革：海上保険から新種保険まで

■ 14世紀，海上保険の誕生

損害保険は，海上保険が14世紀のイタリアで生まれて以来発展を続け，現代社会の安心を支えるうえで欠かせない存在となった。

損害保険のルーツには諸説がある。紀元前1750年頃，ハンムラビ法典の時代に，融資を受けたキャラバン（隊商）が途中で盗賊に襲われた場合，損害を融資者が負担することが行われていた。また，紀元前250年頃，ギリシャ・ロードス島で，海法に規定された共同海損の制度があった。これは海難に遭遇して積荷を投荷したときに，その損害を関係者全員で分担するという制度であった。

紀元前300年代になると，地中海貿易において「冒険貸借」が発達した。これは船主または荷主が，金融業者から資金を借り受け，航海が無事終了すれば高額の利子をつけて返済し，海難に遭遇し積み荷が失われた場合は返済する必要がなくなるという，融資と危険負担を兼備した制度であった。しかし，冒険貸借の利息が高率であることが問題視され，1230年頃にローマ法王グレゴリウス9世が「利得禁止令」を出し，冒険貸借を実質的に禁止した。この結果，冒険貸借の危険負担の部分のみを残した海上保険の制度が誕生した。1379年4月13日付のピサで作成された海上保険証券が最古のものといわれている。

イタリアの諸都市で誕生した海上保険は，各国の港町，具体的にはフランスのマルセイユ，スペインのバルセロナ，次いでフランスのボルドーやルーアン，ベルギーのブリュージュ，アントワープ，オランダのアムステルダムやドイツのハンブルグへと伝播した。18世紀には英国のロンドンが海上保険の中心となり，王立取引所を中心に海上保険取引が行われた。

■ 1871年ロイズ法の制定・ロイズ保険組合の設立

海上保険の中心地としてロンドンの地位が確立される原動力となったのが，エドワード・ロイドが1688年頃に開業し，海事関係者が集ったロイズ・コーヒーハウス（Lloyd's Coffee House）であった。

テムズ河畔にあるロイズの店には，海事関係者が集って海事情報のやりとり

をし，やがて船や積み荷の保険を引き受ける個人の保険業者との海上保険取引が活発に行われるようになった。ロイズの店は，1691年に金融ビジネス街ロンバード通りへ移転し，取引場所の提供と海事情報の提供を続けた。そこでは保険証券下部に（under）引き受け金額と署名を書く（write）「アンダーライター」（underwriter），つまり保険引受人が，船主と交渉し契約を交わした。1871年にはロイズ法（Lloyd's Act）が制定され，ロイズ保険組合となった。

　損害保険会社が設立されるようになっても，個人保険業者の組合として，ロイズは無限責任主義を背景に世界のさまざまな損害保険の中心としての地位を保ってきた。ロイズは1990年代にアスベスト訴訟による保険金支払い請求が増加したことなどにより運営危機に陥り，現在では法人資本が大半を占める組織に変革されている。

ロイズ・オブ・ロンドン。このビルの中でアンダーライターたちが保険の取引をする。

最寄り駅はロンドンの地下鉄 Central Line の Bank 駅。写真撮影　亀井克之

❸ 火災保険の誕生

　海上保険に続いて，火災保険が誕生した。そのきっかけとなったのがロンドン大火である。1666年9月2日午前2時，ロンドン橋北東部 Pudding Lane のパン屋から出火し，4昼夜燃え続けた。シティにある家屋の5分の4にあたる1万3200戸，400街が灰になった。この結果，1681年にロンドンで世界最古の火災保険会社として Fire Office が開業した。

　火災保険は近隣の国にも伝わり，1676年にドイツのハンブルグで火災金庫，1786年にフランスで Compagnie Royale d'Assurances が設立された。米国ではベンジャミン・フランクリンが米国における火災保険のパイオニアとなり，1752年に Philadelphia Contributionship for the Houses from Loss by Fire を設立した。

　近代文明の発達に伴い，新たな技術が社会にもたらされていくと，それに伴う新たな事故が発生するようになった。そのため「新種」の損害保険が次々に開発された。自動車保険，鉄道事故傷害保険（後の普通傷害保険），ボイラー保険，航空保険等である。

ロンドン大火記念塔（Monument of the Great Fire of London）　最寄駅 Monument 駅。高さ202フィート（約61メートル）で，この塔から出火元までの距離と同じ。311段ある階段を上りきるとロンドン市内が見渡せる。

ワーク㉕：ロイズ・コーヒー店はどのように海上保険取引に貢献したか。
ワーク㉖：アンダーライターとは何か。この言葉の由来は何か。

Design for RM ⑫

ロイズ保険組合発祥の地 ロイズ・コーヒーハウス

　コーヒーは17世紀前半に英国に伝えられた。やがてロンドンにコーヒーハウスが開業し，情報交換や社交の場となった。エドワード・ロイドが1688年頃に開業したロイズ・コーヒーハウスは，テムズ河畔の船着き場に近いタワー街にあった。そこでは貿易商や船舶関係者，海上保険のアンダーライターたちが取引を行った。

　1691年にロイズの店は金融街のロンバード通りに移転し，海事情報と海上保険取引の場を提供し続けた。中世の英国では，金融はイタリア北部から来たロンバード商人が司っており，14世紀にイタリアで生まれた海上保険を英国に伝えたとされる。ロンバード通りの店は，1774年まで，取引の場として使われた。その後，アンダーライターたちによる海上保険取引は王立取引所の中で行われるようになった。

　少し離れたライム通りに，リチャード・ロジャース設計のロイズ・オブ・ロンドンがある。ロンドン現代的高層建築の先駆けとして，1986年に完成した建物はロイズ保険組合の本拠地である（p. 57の写真参照）。これらはシティ（City of London）と呼ばれる地区にある。起源は，紀元前1世紀にローマ人が築いた城塞都市にあり，「湖沼の砦」を意味するロンディニウム（Londinium）がロンドンの語源である。

ロンバード通り16番地。ロイズ・コーヒーハウスが1691年から1785年にあった場所。

写真撮影　亀井克之

| 5 | 日本の損害保険の沿革

■ 日本の損害保険

　日本では，慶長年間の1600年頃「なげがね」という冒険貸借に似た制度が存在したことが知られている。1867年に福澤諭吉が『西洋旅案内』の付録のなかで「災害請負の事イシュアランス」に言及し，火災請負，海上請負という制度があることを紹介した。明治維新後，海上保険をはじめとするすべての保険が日本に導入された。1879年には，渋沢栄一や岩崎弥太郎の尽力により東京海上保険会社が設立された。1887年には東京火災保険が設立された。

　第2次世界大戦後，高度経済成長期から現代に至る損害保険制度の発展に注目すれば，その特色として次の3点があげられる。

　(1)家計保険分野の飛躍的発展：海上保険・企業向け火災保険の比率が高かったが，個人向け火災保険・自動車保険の比率が上昇した。(2)「損害賠償責任の社会化」としての保険制度の展開：1955（昭和30）年12月施行の自動車損害賠償責任法に基づいて自動車損害賠償責任保険（自賠責保険）が強制化された。1994（平成6）年制定，1995年7月1日施行の製造物責任法（PL法）に基づいて生産物賠償責任保険が開発された。(3)損害保険における人保険分野の拡大：海外旅行傷害保険など，傷害保険が発展した。

■ 日本の損害保険市場の自由化

　1996年12月に日米保険協議が決着して以降，日本の損害市場が一気に自由化した。特に，1998年7月に損害保険料率算出団体に関する法律が改正されたのに伴い，算定会料率の使用義務が廃止された。1997年9月にリスク細分型自動車保険が認可されて，外資系が参入し，自動車保険の分野でさまざまな新しい商品が開発されるようになった。そのほか，保険仲立人（ブローカー）制度導入，損保・生保相互参入，銀行窓口販売の全面解禁，第三分野（第一分野の生命保険，第二分野の損害保険以外の医療保険・傷害保険など）への参入規制の撤廃が実現した。

ワーク㉗：自動車保険市場にもたらされた自由化についてまとめよう。

Design for RM ⑬

Design for Safety Foresight Review Symposium

Royal College of Art（RCA），London，Jan.31-Feb.1, 2018.

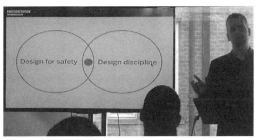 

（RCA のサイトより）

「安全のデザイン」（Design for Safety）と「デザイン分野」のシナ
ジーを説く RCA のアッシュレー・ホール（Ashley Hall）教授

ワークショップの様子　　　ブロック塀を代替する「木の塀」の小型見本

ハイドパークとロイヤル・アルバート・ホールに隣接する RCA

写真撮影　亀井克之

| 6 | 日本の損害保険市場

1 保険の法律

　損害保険の自由化が進展した1990年代後半から，日本における保険の監督・規制体制にも大きな変革がもたらされた。保険の監督官庁は，大蔵省から金融監督庁を経て，現在，金融庁が担当している。保険の法規制としては，保険契約法にあたる「保険法」と保険監督法の基本法にあたる「保険業法」とがある。「保険法」は契約者保護の観点等から100年ぶりの改正が行われ，2010年4月に新しい「保険法」として施行された。それまで「保険法」は「商法」の一部分であったが，新「保険法」は「商法」から独立した単行法として制定された。1900年に公布・施行された「保険業法」は，1939年以来の改正を1995年に行い翌年施行された。

　新「保険業法」では，保険監督上の指標として保険金を支払うための余力を示すソルベンシー・マージン比率（資本金・準備金の支払い能力／通常の予測を超える危険×1/2×100）が導入された。これが200を下回った場合，当該保険会社が早期に経営の健全性を図るために，金融庁当局によって早期是正措置が講じられることとなった。1998年12月には損害保険契約者保護機構，2010年4月には金融分野における裁判外紛争解決制度（金融ADR）がそれぞれ創設された。

2 日本の損害保険市場

　2023年7月1日現在，日本では，国内損害保険会社33社と外国損害保険会社22社の計55社が事業活動を行っている。国内会社は元受けおよび再保険業が31社，再保険専業が2社であり，国外会社は元受けおよび再保険業が10社，再保険専業が6社，船主責任保険専業が6社である。自由化の流れの中での競争激化に伴い業界の合従連衡が進み，国内会社は，東京海上グループ，MS & ADグループ，NKSJグループという3大グループが形成されている。免許が必要となる損害保険業とは別に，少額短期保険業というカテゴリーで，ある特定分野に特化した小規模な保険会社が存在する。

　2022年度における全損害保険種目合計の元受正味保険料は 9 兆9593億円で，正味保険料収入は 9 兆1195億円である。元受正味保険料とは，保険契約者との直接の保険契約にかかる収入で，再保険にかかる収支は含まれない。一方，正味収入保険料は，元受正味保険料に再保険にかかる収支を加味し収入積立保険料を控除したものである。正味支払保険金は 5 兆3830億円であった。コロナ禍が落ち着き自動車の交通量が回復して自動車保険の支払いが増えたことなどにより，2021年度の 4 兆7112億円から14.3％増加した。それゆえ，保険料収入に対して保険金がどの程度支払われたかを示す損害率は2021年の59.3％から5.6ポイント上がって64.9％となった。総資産は2.5％減少して31兆7490億円となった。最終的に経常利益は，8910億円から7665億円と減益となり，当期純利益は6708億円の黒字から5015億円の黒字となった。

正味収入保険料の保険種目別構成比（2022年度）

自賠責 8.2%（7519億円）　傷害 7.3%（6643億円）　海上・運送 3.4%（3128億円）

自動車 46.5%（4兆2402億円）　火災 18.6%（1兆6930億円）　新種 16.0%（1兆4572億円）

9 兆1195億円

『損害保険ファクトブック2023』68頁に基づいて作成。

ワーク㉘：損害保険会社の社名を書き出し，その由来に注目してみよう。

| 7 | 損害保険の種類

個人のくらしの安心を支える損害保険の種類には以下がある。

①自動車の保険（自動車事故による損害に備える保険）：強制加入の「自動車損害賠償責任保険（自賠責）」と任意加入の「自動車保険」の二段階方式。強制加入の「自賠責」は，対人賠償責任保険のみ。任意の「自動車保険」は，対人賠償責任保険（自賠責を補完），対物賠償責任保険，人身傷害補償保険，搭乗者傷害保険，車両保険。

②住宅の保険（建物や家財の損害に備える保険）：総合型の保険では，盗難や水難などによる損害も補償される。「地震保険」は「火災保険」とセットでの加入となる。

③身体・老後の保険（けがや病気，老後の生活に備える保険）：傷害保険，所得補償保険，介護保険，医療保険，がん保険など。

④くらし・レジャーの保険（スポーツやレジャー中のケガや用品の損害，他人への賠償責任などに備える保険）：海外旅行保険，国内旅行傷害保険，ゴルファー保険，スキー・スケート総合保険，個人賠償責任保険，ペット保険など。

ワーク㉙：自分自身や家庭で加入している保険について書き出してみよう。

イラスト　村上あかり

あらゆる行動にはリスクが伴う。リスクはまずコントロールする。そのうえで保険に加入する。

Design for RM ⑭

リスクマネジメント・危機管理を描いた文芸作品

①小説　アルベール・カミュ『ペスト』1947年（宮崎嶺雄訳，新潮文庫，1969年，改版2020年より）

　アルジェリアのオラン市でペストが大流行。城門は閉じられ，城壁に囲まれた都市は外界から遮断される。隣人が次々とペストで死んでいく中，市民は極限的な状況の中での生活をする。医師リウーは医療の最前線で献身的に治療に力を尽くす。市民の間にはやがて連帯感が生まれ，ついに市は解放される。

　　「天災というものは，事実，ざらにあることであるが，しかし，そいつがこっちの頭上に降りかかってきたときには，容易に天災とは信じられない」（55頁）
　　「自分の目で見ることのできぬ苦痛はどんな人間でも本当に分かち合うことはできない」（204頁）

②映画『APOLLO 13』ロン・ハワード監督　1995年

　ジム・ラベル，フレッド・ヘイズ，ケン・マッティングリーの3人はアポロ13号乗組員に選抜された。ところが，ケンが風疹に感染する可能性があることがわかり，急遽，ジャック・スワイガードと交代した。ケンは落胆する。1970年4月11日，無事アポロ13号は打ち上げに成功。しかし，船外で衝撃音。トム・ハンクス演ずるラベル船長は無線で伝える。「ヒューストン管制センター，我々は問題に直面しました」（"Houston, we have a problem."）。電力不足，二酸化炭素濃度の上昇，……アポロ13号には次々と危機が降りかかる。管制センターでは，職員たちが不眠不休で必死の救出作戦を立案・実行し，アポロ13号を地球に生環させる。

　ケンからジャックへの直前の乗組員交代は，その後のリスクを引き起こすハザードとなった。同時に，ケンが地上に残ったからこそ，電力節約シミュレーションを管制センターで成し遂げて，問題解決につなげることができたのだった。

③映画『タイタニック』ジェームス・キャメロン監督　1997年

　1912年4月15日に沈没した豪華客船タイタニックの事故を描いた大作。2000人が乗る船に，なぜ700人分の救命ボートしか備えられていなかったのか？　氷山の情報がある中，なぜ全速力で航行していたのか？　沈没不可避の状況で乗客はいかに行動したか？　映画は圧倒的な迫力で描き切る。実際のタイタニックにはロイズ保険組合のアンダーライターたちが引き受けた海上保険がかけられており，事故後に巨額の保険金が支払われた。

| 8 | 学生生活と学研災

　学生が大学における教育研究活動中に被った災害に対する補償として，「学生教育研究災害傷害保険」（学研災）がある。学研災の加入手続き，保険金の請求は大学が窓口となっている。学研災で支払われる保険金は，(1)死亡保険金，(2)後遺障害保険金，(3)医療保険金・入院加算金である。特約として(a)通学中と学校施設間を移動中の傷害についての「通学中等傷害危険担保特約」や(b)臨床実習中の「接触感染予防保険金支払特約」がある。

　保障内容に「大学における教育研究活動中の損害賠償責任」を加えた「学研災付帯賠償責任保険」（学研賠）がある。この保険は，活動範囲によって，(A)正課・学校行事・課外活動およびその往復中の賠償責任保険「学研賠」，(B)大学が正課・学校行事・課外活動と位置づけたインターンシップ・介護体験活動・教育実習・保育実習・ボランティア活動およびその往復中の賠償責任保険「インターン賠」，(C)医学生向け「医学賠」，(D)法科大学院生向け「法科賠」の4コースがある。

　学研災や学研賠がカバーしていないリスクを含む学生生活全般のリスクに対する補償として「学研災付帯学生生活総合保険」がある。

　このほか，大学生協や民間保険会社が販売する学生生活総合保険がある。

学研災と学研災に付帯する保険

学研災（学生教育研究災害傷害保険）：保障の対象となる事故の範囲	
正課中 キャンパス内にいる間 （特約で）通学中	学校行事中 課外活動（クラブ活動）中 （特約で）学校施設等相互間の移動中 ＊他キャンパスへの移動など

＊学研災付帯賠償責任保険（学研賠）＝「学研災」の保障＋大学関連の活動中の賠償責任
＊学研災付帯学生生活総合保険＝「学研災」がカバーしていない学生生活全般のリスクについての保障

ワーク㉚：あなたが学生の場合はあなた自身について，あなたが保護者の場合はあなたの子どもについて，「ケガ」「賠償責任」「大学以外のプライベートな活動に関わる事故」をカバーする保険や共済に加入しているか，その内容は？

イラスト　村上あかり

| 9 |火災保険

　火災保険は，火災のみならず，風水災などの自然災害によって「建物」や「家財」にもたらされた損害を補償する保険である。保険会社によって補償内容は異なっている。

　日新火災海上保険株式会社の WEB サイトから，「住宅安心保険」の内容について見てみよう（https://www.nisshinfire.co.jp/service/pdf/jutaku2101.pdf）。

①実際の損害額を支払う。火災や落雷などによる住宅や家財の損害について，同等のものを新たに建築または購入するのに必要な費用（新価額）を基準に保険金を支払う。

②日常生活における損害賠償，失火時の近隣への費用補償など各種の特約をライフスタイルに合わせ，自由に設計することにより，「住宅安心保険」ひとつで日常生活のさまざまな損害を補償する。

③「すまいのサポート24」では，水まわりのトラブルや鍵の紛失など，住まいと暮らしに関わる急な「こまった」を24時間サポートする。

■ 基本補償（以下の事故で被った損害に対して保険金を支払う）

- 火災などに関する危険：火災，落雷，破裂・爆発
- 自然災害に関する危険：風災，雹災，雪災，水災
- その他の危険：盗難，通貨・通帳の盗難，物体の飛来・落下・衝突等，騒擾・集団行動・労働争議に伴う暴力行為・破壊行為，水ぬれ（窓の締め忘れによる雨の吹き込みなどを除く），破損・汚損等
- 事故に伴う費用：臨時費用保険金，残存物取片づけ費用保険金，失火見舞費用保険金，修理付帯費用保険金

■ 保険金が支払われない事故例

　契約者・被保険者の故意，敷地外にある家財の盗難，戦争・外国の武力行使による損害，自然の消耗もしくは劣化・さび・かび，自動車に生じた損害，地震・噴火またはこれらによる津波が原因で発生した火災・損壊・流失等の損害。

Design for RM ⑮

倒壊する危険性のある老朽化したブロック塀に代替する「木の塀」

　高槻市の港製器工業株式会社は，危険な老朽化したブロック塀に代替する木の塀（製品名「スーパーフェンス」）を2011年から開発してきた。これは，木板を等間隔のアルミ柱に差し込んでいくという製品である。

　2018年6月18日の大阪府北部地震で同じ高槻市の寿栄小学校のプール脇のブロック塀が倒壊し小学4年生の女子児童が犠牲となった。老朽化したブロック塀の危険性が広く社会的に認識されるようになった。全国の学校では，老朽化したブロック塀を撤去する動きが広がった。引き続き，港製器は，ブロック塀の代替物として木の塀の開発普及に努力している。安全や防災に良い製品も，社会的にたとえ有用であってもコストの問題があり，マーケティングは容易ではない部分がある。

マーケティング例：
「木の塀」でホームを守る

マーケティング例：
天まで届け「安全な街づくり」の思い

2016年熊本地震　益城町のブロック塀

港製器・木の塀「スーパーフェンス」
2012年大阪市

写真撮影　亀井克之

| 10 | 地震保険⑴：概　要

　地震による災害は，損害保険の要件を充足しないため，日本では，地震保険はなかなか実現には至らなかった。1964年6月の新潟地震を契機に，1966年5月に「地震保険に関する法律」が制定され，地震保険制度が発足した。

　この制度に基づく地震保険は，個人が加入する家計分野の保険である。被災者の生活の安定に寄与することを目的とする保険であり，地震・噴火・津波を原因とする火災・損壊・埋没・流失によって建物や家財が損害を被った場合に，生活再建のための資金として保険金を支払う。地震保険は4つの特徴がある。

⑴地震保険は単独で契約できない。火災保険に付帯（セット）して契約する。火災保険の契約期間の途中でも地震保険を付帯できる。一般に火災保険は長期間の契約であり，地震保険は毎年更新する。

⑵地震保険の保険金額は，火災保険の保険金額の30〜50％の範囲内で設定する。ただし建物5000万円，家財1000万円が限度額である。

⑶保険料は建物の構造と所在地により異なる。建物の免震・耐震性能に応じた割引制度がある（割引制度は重複して使用できない）。

　・免震建築物割引　50％（2014年7月1日以降の契約。以前の契約30％）

　・耐震等級割引　耐震等級1＝10％，耐震等級2＝30％，耐震等級3＝50％

　（2014年7月1日以降の契約。以前の契約ではそれぞれ10％・20％・30％）

　・耐震診断割引　10％

　・建築年割引　10％（1981年6月1日以降建築）

⑷「地震保険に関する法律」に基づいて，政府と民間の損害保険会社が共同で運営する公共性の高い保険である。国が再保険を引き受ける。

⑸利潤を一切得ることなく，保険料は準備金として積み立てられる。地震保険は，補償内容・保険料について保険会社間で違いはない。

　地震保険制度による地震保険とは別に，個人で加入できる地震リスクに対する保険として，①損害保険会社が取り扱う「特約」（「地震危険等上乗せ特約」など），②こくみん共済（全労災）「住まいる共済」，③JA共済「建物更生共済　む

てきプラス」，④SBI いきいき少額短期保険「地震の保険」などがある。

ワーク㉛：あなたの家庭では，地震に対してどのような保険に入っているか。

地震再保険の概要（2024年4月1日付改定）

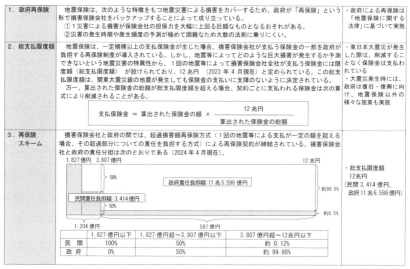

1.　政府再保険	地震保険は、次のような特徴をもつ地震災害による損害をカバーするため、政府が「再保険」という形で損害保険会社をバックアップすることによって成り立っている。 ①1災害による損害が保険会社の担保力を大幅に上回る巨額なものとなるおそれがある。 ②災害の発生時期や発生頻度の予測が極めて困難なため大数の法則に乗りにくい。	・政府による再保険は「地震保険に関する法律」に基づいて実施
2.　総支払限度額	地震保険は、一定規模以上の支払保険金が生じた場合、損害保険会社が支払う保険金の一部を政府が負担する再保険制度が導入されている。しかし、地震等によってどのような巨大損害が発生するか予測できないという地震災害の特異性から、1回の地震等によって損害保険会社全社が支払う保険金には限度額（総支払限度額）が設けられており、12兆円（2023年4月現在）と定められている。この総支払限度額は、関東大震災級の地震が発生しても保険金の支払いに支障のないように決定される。 　万一、算出された保険金の総額が総支払限度額を超える場合、契約ごとに支払われる保険金は次の算式により削減されることがある。 　　支払保険金 ＝ 算出された保険金の額 × （12兆円 ÷ 算出された保険金の総額） 	・東日本大震災が発生した際は、削減することなく保険金は支払われている ・大震災発生時には、政府は復旧・復興に向け、地震保険以外の様々な施策も実施
3.　再保険スキーム	損害保険会社と政府の間では、超過損害額再保険方式（1回の地震等による支払が一定の額を超える場合、その超過部分についての責任を負担する方式）による再保険契約が締結されている。損害保険会社と政府の責任分担は次のとおりである（2024年4月現在）。	・総支払限度額 　12兆円 　（民間 3,414 億円、 　政府 11 兆6,586 億円）

	1,827 億円以下	1,827 億円超〜3,807 億円以下	3,807 億円超〜12兆円以下
民　間	100%	50%	約 0.12%
政　府	0%	50%	約 99.88%

【 地震再保険取引の仕組み 】

（1）損害保険社から日本地震再保険会社への再保険
　　　　　　　　　　　　　〔地震保険再保険特約（A）…A特約〕
日本国内で営業している損害保険会社と日本地震再保険会社との間で再保険特約を締結しており、この再保険特約によって損害保険会社は地震保険契約の保険責任の全額を日本地震再保険会社に再保険している。

（2）日本地震再保険会社から損害保険会社への再々保険
　　　　　　　　　　　　　〔地震保険再保険特約（B）…B特約〕
日本地震再保険会社は、損害保険会社と個別に地震保険再保険特約を締結して、前記(1)のA特約によって引き受けた保険責任のうち損害保険会社が負担すべき保険責任について、再々保険している。

（3）日本地震再保険会社から政府への再々保険
　　　　　　　　　　　　〔地震保険超過損害額再保険契約…C契約〕
日本地震再保険会社は、政府と超過損害額再保険契約を締結して、前記(1)のA特約によって損害保険会社から引き受けた保険責任のうち国会で承認された責任限度額を政府に再保険に出している。

以上の関係を図示すると右記のとおり。

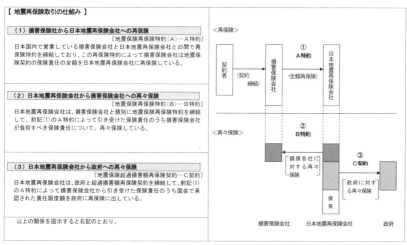

| 11 | 地震保険(2)：2017年の地震保険制度の改定

❶ 保険料の改定

2017年（平成29年）1月に地震保険が改定された。2024年4月現在，継続日や保険始期が2022年10月1日以降となる地震保険契約の基本料率を以下に示す。

地震保険年間保険料例（保険期間1年，割引適用なし，地震保険金額1,000万円あたり）

都道府県	主として鉄筋・コンクリート造	主として木造
北海道，青森県，岩手県，秋田県，山形県，栃木県，群馬県，新潟県，富山県，石川県，福井県，長野県，岐阜県，滋賀県，京都府，兵庫県，奈良県，鳥取県，島根県，岡山県，広島県，山口県，福岡県，佐賀県，長崎県，熊本県，大分県，鹿児島県	7,300円	11,200円
宮城県，福島県，山梨県，愛知県，三重県，大阪府，和歌山県，香川県，愛媛県，宮崎県，沖縄県	11,600円	19,500円
茨城県，徳島県，高知県	23,000円	41,100円
埼玉県	26,500円	41,100円
千葉県，東京都，神奈川県，静岡県	27,500円	41,100円

（出典）日本地震再保険株式会社のWEBサイトより　https://nihonjishin.co.jp/　2024年5月15日確認

❷ 補償内容の改定（損害区分の細分化）

従来，損害区分は3区分（全損・半損・一部損）であった。2016年の熊本地震後に半損と一部損の間が大きすぎるとの批判から，2017年地震保険法が改定され，半損が大半損と小半損に2分割され4区分となった。

損害の程度	支払われる保険金の額
全　損	地震保険金額の100%（時価が限度）
大半損	地震保険金額の60%（時価の60%が限度）
小半損	地震保険金額の30%（時価の30%が限度）
一部損	地震保険金額の5%（時価の5%が限度）

3 被災後の住宅再建に必要な費用

　震災で住宅が被災した場合，生活再建にどのくらいの費用が必要になるかについて，朝日新聞社はSBI小額短期保険の協力を得て試算した。被災者生活再建支援制度は，1995年の阪神淡路大震災を契機に，1998年に成立した被災者生活再建支援法に基づく。都道府県が基金を積み立て，国が半額を補助する。最大100万円だった支給額は2004年に最大300万円に引き上げられた。

被災後の住宅再建に必要な費用のシミュレーション

【木造戸建て】 4人家族（夫婦＋子2人） 被災状況（想定） ・地震による揺れで建物が全壊 ・同じ場所に家を建て直した場合 ・再建までの半年間を賃貸住宅で生活した	【マンション】 4人家族（夫婦＋子2人） 被災状況（想定） ・揺れにより自室内のバス，トイレ，キッチンが使えなくなり水回りなどを交換 ・3ヵ月を賃貸住宅で生活 ・共用部分の修理には計1億3000万円の費用。入居する200世帯で65万円ずつ負担することに
再建に必要な費用 住宅の建て替え　　　　　2000万円 解体，撤去　　　　　　　194万円 家具，家電，衣類　　　　269万円 仮住まい，引っ越し　　　100万円 　　　　　　計　2563万円	再建に必要な費用 専有部分の補修　　　　　220万円 共用部分の補修　　　　　 65万円 家具，家電，衣類　　　　269万円 仮住まい，引っ越し　　　 72万円 　　　　　　計　626万円

『朝日新聞』2014年6月23日朝刊より

|12|自動車保険⑴：自動車事故と自動車保険の構成

　2023年の交通事故件数は30万7,911件（前年比2.4％増）であった。その内訳をみると，死亡事故2,618件（同2.7％増），重傷事故２万7,930件（同6.0％増），軽傷事故27万6,288件（同2.0％増）であった。死傷者36万8,273人（同2.5％増）のうち，24時間以内の死者数は2,678人（同2.6％増）であった（警察庁交通局「令和５年中の交通事故の発生状況」）。交通事故がもたらす経済的損失は３兆円を超えており依然として高水準である。高齢者ドライバーの構築物衝突による物的損失は顕著に増加している。

　自動車保険は，相手に対する賠償責任保険として「対人賠償責任保険」「対物賠償責任保険」，自分への補償である傷害保険として「人身傷害補償保険」「搭乗者傷害保険」「無保険車傷害保険」「自損事故保険」，自動車そのものに対する財物保険としての「車両保険」等で構成される。対人賠償責任保険については，すべての自動車に加入が義務づけられる「自動車損害賠償責任保険（自賠責）」と任意加入の「任意自動車保険」との，いわば二階建ての方式となっている。大多数の国では，１つの自動車賠償責任保険で，法律で定められた最低保険金額を確保することが義務づけられる一本化された方式になっている。

損害の種類とそれに対応する自動車の保険

	死　　傷		財　　物
相手への補償	相手を死傷させた ・自動車損害賠償責任保険（自賠責）	相手を死傷させた ・対人賠償責任保険	相手の財物を壊した ・対物賠償責任保険
自分への補償	自分や搭乗中のものが死傷した ・人身傷害補償保険 ・搭乗者傷害保険	・無保険車傷害保険 ・自損事故保険	自分の車が壊れた ・車両保険

　＊アミかけ部分は強制加入，その他は任意加入。
　『日本の損害保険　ファクトブック2019』15頁に基づいて作成

対人賠償責任保険

人身傷害補償保険

対物賠償責任保険

車両保険

イラスト　村上あかり

日本の自動車保険は二階建て

任意の自動車保険

自賠責保険

イラスト　亀井克之

┃13┃ 自動車保険(2)：強制保険（自賠責）と任意保険

◼1 自動車損害賠償責任保険（自賠責）

　戦後，急速な自動車普及に伴い事故が急増し，被害者救済制度の整備が急務となった。そこで自動車損害賠償保障法（自賠法）が1995年に制定され，翌年から自動車損害賠償責任保険（自賠責）が制度化された。自賠法は人身事故の被害者救済を目的として，①強制保険制度の導入，②加害者の無過失責任主義の採用，③政府保障事業制度の創設を定めた。②は民法で損害賠償請求する場合，加害者に過失があったことを被害者が証明する必要があるが，自賠責ではその必要がないということである。

　自賠責は，他人を死傷させた場合の対人賠償責任のみを補償する保険である。被害者1名あたりの支払保険金に限度額が設定されており，死亡3000万円，後遺障害4000万円〜75万円，ケガ120万円である。

◼2 任意の自動車保険

　任意加入の自動車保険は，相手に対する賠償と自分に対する補償とに大別される。相手に対する賠償としての保険は2つある。「対人賠償責任保険」は，契約の自動車による事故により，相手を死傷させ，法律上の損害賠償責任を負担した場合に，自賠責保険で支払われる金額を超える部分に対して，契約した保険金額を限度に保険金を支払う。「対物賠償責任保険」は，同様に，相手の自動車や物を壊して，法律上の損害賠償責任を負った場合に保険金を支払う。

　自分に対する補償としての保険は大きく5種類がある。「人身傷害補償保険」は，1998年に東京海上が他に先駆けて開発した保険である。

　これは，自動車事故により，契約者自身や家族，同乗者が死傷した場合に，過失割合にかかわらず，契約した保険金額を限度に，実際にかかった損害額（実費）を補償する保険金を支払う。補償範囲を契約の自動車に限定した保険のほか，他の自動車に乗車中や，歩行中，自転車に乗っている場合も補償の対象としている保険である。これと同様の「搭乗者傷害保険」は，自動車に乗車しているときの事故に限定し，定額での保険金支払いである点が異なる。

　「無保険車傷害保険」は，自動車事故により，契約の自動車に乗車中の者が死亡または後遺障害を被ったにもかかわらず，相手自動車が無保険車などのため，十分な補償額が得られない場合に保険金を支払う。「自損事故保険」は，電柱に衝突するような単独事故などによって運転者自身が死傷した場合に保険金が支払われる。定額での支払いとなる。「車両保険」は，契約の自動車に事故による損害が生じた場合に保険金を支払う。

　任意の自動車保険は対人と対物の２つの賠償責任保険を基本にして，「人身傷害補償保険」など自分に対する補償の保険を組み合わせる形で契約される。

ワーク㉜：自分や家族で加入している自動車保険の保険証券の内容（「対人賠償責任保険」「対物賠償責任保険」「人身傷害補償保険」や特約の内容）を確認してみよう。

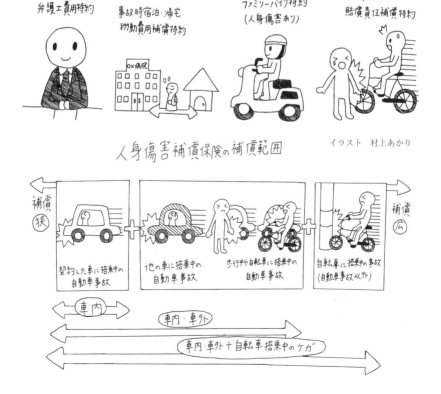

人身傷害補償保険の補償範囲

イラスト　村上あかり

| 14 | 自動車保険(3)：暴走事故と自動車保険，自転車事故

　2012年4月に京都府の亀岡市で，無免許の少年が運転する軽乗用車が登校中の児童と引率の保護者の列に突っ込み，10人がはねられて3人が死亡する事故が発生した。

　こうした暴走事故の場合，自動車保険はどのように機能するのか？

　被害者救済の観点から，自賠責から保険金が支払われる。まず，運転者が無免許であっても，加害自動車の所有者から許諾を得て運転していたので自賠法2条にいう「保有者」に該当する。自動車損害賠償責任保険普通保険約款2条2項で，「被保険者とは，自動車の保有者およびその運転者とする」と規定されており，被保険者になりえる。したがって，こうした事故についても自賠責から保険金が支払われる。被害者救済を目的とする自賠責には保険金を支払わない免責の規定は次の2点しかない。1つは，「わざと轢いた」，「自動車による心中」など悪意による損害であり，もう1つは重複契約の場合である。

　政府の保障事業は，①自賠責で免責となる「悪意による事故」，②自賠責の「被保険者に該当しない運行供用者による事故」（無断借用，盗難車，無保険車），③「ひき逃げ事故」の被害者を補償する。その支払い限度額は，自賠責の支払い限度額と同額である。いずれの場合も，加害者が判明した場合，政府は保障事業により被害者に支払いを行った後に，加害者に求償する。

　任意の自動車保険においても，被害者救済の観点から，対人賠償責任保険については，契約内容にもよるが，通常，自賠責の場合と同様に，こうした暴走事故も保険金支払いの対象となる。しかしながら，被保険者自身が補償を受ける「人身傷害補償保険」「搭乗者傷害保険」「車両保険」などについては，「無資格運転」が免責条項となっており，保険金支払いの対象とはならない。

　なお，次の事例を契機に自転車の保険が普及し始めている。

【事　例】11歳男子の自転車加害事故で損害額9500万円を認定して，母親に監督義務を果たしていなかったと賠償責任を認めた事例（神戸地裁平成25年7月4日判決）。2008年9月22日，歩道と車道との区別ない道路を歩行中の62歳女子

原告が，11歳男子 Y が搭乗する自転車に正面衝突され，植物状態から後遺障害を残す事案につき，Y は，「当時11歳の小学生であったから，未だ責任能力がなかった」といえ，原告に生じた損害については，「Y の唯一の親権者で，監督義務を負っていた被告母親が，民法714条１項により賠償責任を負う」とし，また，「自転車の運転に関する十分な指導や注意をしていたとはいえず，監督業務を果たしていなかった」として被告母親に9500万円の賠償責任を認めた。

（『自保ジャーナル』No. 1902，2013年９月）

ワーク㉝：自転車で走行中，歩行者に怪我をさせた場合，その賠償責任をカバーするような保険に加入しているかどうかを確認してみよう。

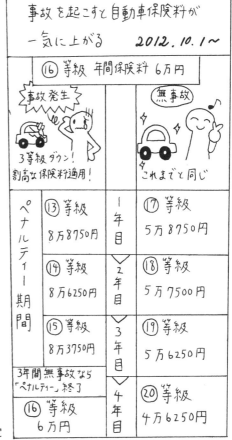

自動車保険料の
等級システムの改定

（朝日新聞　2012年9月29日）

イラスト　村上あかり

|15｜海外安全と保険

　海外旅行に関するリスクと，それに対応する保険の例として，一般的な「海外旅行保険」の内容をみてみよう。

■ 4つの補償
(1)治療・救援費用保険金：旅行者自身のケガや病気に関する補償

　例：ローマのスペイン階段で足をくじき，帰国後，骨折が判明した。

　例：南仏モンペリエ滞在中に，盲腸の手術を受けた。

　例：北京のホテルでベッドから転落。右大腿骨を骨折し，家族が現地へ。

(2)賠償責任保険金：他人の物を壊してしまったときの補償

　　例：カンヌのホテルに宿泊中，浴槽にお湯を出したままインターネットに夢中になり，気づいたときには部屋中が水浸しになっていた。

(3)携行品損害保険金：持ち物に関する補償

　　例：南仏モンペリエの空港のガソリンスタンドで，パンクの応急措置をしていると，救援を装った二人組に助手席に置いたかばんを盗まれた。

　　例：パリを旅行中，誤ってビデオカメラを落としてしまい，破損。

(4)偶然事故対応費用保険金：その他の費用に関する補償

　　例：予約済オプショナル・ツアーに参加できなくなり，キャンセル料発生。

　　例：スイスで空港行きの列車が故障で止まり，急きょタクシーで移動。

■ サービス体制
　海外のどこを旅行していても，契約者からの電話を日本のサポートデスクで受け付ける。

(1)ケガ・病気の際のアシスタンスサービス。

　・海外での病院の窓口で受診料を支払わずに受診終了

　・病人・ケガ人の緊急移送の手配

　・救援者の渡航手続き

　・ホテル手配

⑵緊急医療相談サービス

⑶トラベルプロテクト

- 財布盗難など緊急時の現金の手配
- 電話による通訳
- パスポート紛失対応

ポイント◉海外旅行に行くときは「たびレジ」に登録する。「たびレジ」は外務省による渡航先の安全情報提供，緊急時の安否確認サービス。

ワーク㉞：海外で盗難に遭った時，保険金請求にどのような手続きが必要だろうか。

Design for RM ⑯

海外旅行の注意点

① 体力の過信には要注意！
　過密スケジュールや寝不足，緊張などから旅行中の心筋梗塞や脳卒中で倒れる人が増加している。
② 海外のユニットバスは滑りやすい！
　浴室での転倒事故が増加している。
③ 必要以上の現金は持ち歩かない！
　日本人は窃盗のターゲットになりやすいので気をつける。
④「もしもの備え」に英文診断書！
　持病がある人は，現地で発病した場合に備えて，英文診断書を用意して持参する。
⑤ 高地の旅には用心！
　登山だけでなく，チベットやアンデスのような標高の高い場所でも低酸素症にかかる場合があるので気をつける。

（「JALカード　保険のご案内」〔2015年12月版〕より）

予防こそが最高の危機管理：海外では日本の常識は通用しない

① 目立たない（Keep Low Profile）
② 行動を予知されない（Avoid Routine）
③ いつも用心を忘れない（Be Alert）

（辻廣道氏の提供資料より）

イラスト　朝陽このみ

第 **Ⅳ** 部

実践講義録

1 安全・安心な社会を支える保険制度
▶保険会社が語る生活リスクと保険の実際

●日新火災海上保険株式会社

1 保険とは何か

1.1. 保険とは？
保険とは「相互扶助の精神に基づく助け合い制度」である。
・「一人の災難を大勢が分かち，わずかの金を捨てて大難を逃れる制度」（福澤諭吉）
・「万人は一人のために，一人は万人のために」（独：マーネス）

1.2. 損害保険とは？　生命保険とは？

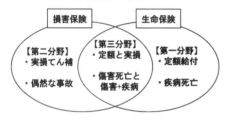

<事業免許上の分類>

損害保険　　生命保険

【第二分野】
・実損てん補

・偶然な事故

【第三分野】
・定額と実損

・傷害死亡と
　傷害＋疾病

【第一分野】
・定額給付

・疾病死亡

★参考：保険業法第3条（免許）
第三条　保険業は，内閣総理大臣の免許を受けた者でなければ，行うことができない。
2　前項の免許は，生命保険業免許及び損害保険業免許の二種類とする。
3　生命保険業免許と損害保険業免許とは，同一の者が受けることはできない。
4　生命保険業免許は，第一号に掲げる保険の引受けを行い，又はこれに併せて第二号
　若しくは第三号に掲げる保険の引受けを行う事業に係る免許とする。
　一　人の生存又は死亡（当該人の余命が一定の期間以内であると医師により診断され
　　た身体の状態を含む。以下この項及び次項において同じ。）に関し，一定額の保険
　　金を支払うことを約し，保険料を収受する保険（次号ハに掲げる死亡のみに係るも
　　のを除く。）
　二　次に掲げる事由に関し，一定額の保険金を支払うこと又はこれらによって生ずる
　　ことのある当該人の損害をてん補することを約し，保険料を収受する保険
　　イ　人が疾病にかかったこと。

ロ 傷害を受けたこと又は疾病にかかったことを原因とする人の状態

ハ 傷害を受けたことを直接の原因とする人の死亡

ニ イ又はロに掲げるものに類するものとして内閣府令で定めるもの（人の死亡を除く。）

ホ イ，ロ又はニに掲げるものに関し，治療（治療に類する行為として内閣府令で定めるものを含む。）を受けたこと。

三 次項第一号に掲げる保険のうち，再保険であって，前二号に掲げる保険に係るもの

5 損害保険業免許は，第一号に掲げる保険の引受けを行い，又はこれに併せて第二号若しくは第三号に掲げる保険の引受けを行う事業に係る免許とする。

一 一定の偶然の事故によって生ずることのある損害をてん補することを約し，保険料を収受する保険（次号に掲げる保険を除く。）

二 前項第二号に掲げる保険

三 前項第一号に掲げる保険のうち，人が外国への旅行のために住居を出発した後，住居に帰着するまでの間（以下この号において「海外旅行期間」という。）における当該人の死亡又は人が海外旅行期間中にかかった疾病を直接の原因とする当該人の死亡に関する保険

1.3. 保険の起源

起源は「冒険貸借」にある。

・中世（12～13世紀頃）

・地中海沿岸都市（イタリア，フランス，スペインなど）

・船舶と積荷を担保とした金銭消費貸借

　　船舶と積荷を担保に金銭を借入れて出航

　　船舶と積荷が海難事故で全損した場合 ⇒ 返済免除

　　無事に積荷を届けることができた場合 ⇒ 元利返済

　　その場合の利息は24～36％

その後，このしくみが変化した。

・利息相当分を危険負担の代償として前払い

★参考：保険用語に残る痕跡

・海上保険（marine）が起源のため，自動車保険や火災保険などの総称は「non-marine」。

・前払制であるため，保険料は「premium」。

・引受選択（引受可否の判断，引受条件と保険料水準の決定）は「underwriting」。ロンドンの保険取引所で引受けに応じる者が，名前と引受金額を上から順に書き連ねた

ことに由来する。

1.4. 賭博と保険の相違点
【共通点】・個々人から少額の費用支出
　　　　　・給付対象者を偶然の要素で決定
　　　　　・対象者には多額の金銭給付
【相違点】・偶然の要素による経済的損害の有無
　　　　　・経済的損害に対する填補性の有無

1.5. 貯蓄と保険の比較
持家（2000万円）の全焼リスクにどう備える？
【貯蓄の場合】
　・年20万円の積立て
　・100年経過前に全焼すると，その時点の積立金と借入金（利息付き）で再建
　・全焼しなければ，積立金は自己財産。ただし，100年経過するまでは他の目的に使
　　いづらい
【火災保険の場合】
　・年２万円の保険料負担。
　・全焼した場合でも自己負担・借入金なしで再建
　・全焼しなければ，保険料は「掛け捨て」
　・ただし，貯蓄の場合との差額18万円の使途は自由
結論：個人の嗜好にもよるが，経済合理性では保険に軍配？

1.6.1. 保険の本来機能①
2014～2023年度（10年間）の保険金支払実績が下表の契約Ａと契約Ｂがある。今後も保
険金支払の傾向はＡ・Ｂとも変わらないとすれば，どちらの保険料が高くあるべきか？

年度	2014	2015	2016	2017	2018	2019	2020	2021	2022	2023
契約A	1	1	1	1	1	1	1	1	1	1
契約B	0	0	0	0	0	10	0	0	0	0

①～③のどれが正解か？
　①契約Ａの方が高くあるべき
　②契約Ｂの方が高くあるべき
　③どちらも同じであるべき

1.6.2. 保険の本来機能②

正解は，②契約Bの方が高くあるべき。

・保険金支払の年平均はA・Bとも「1」。よって保険料も毎年「1」としてみる。
・契約Aの場合，保険料が「1」なら，保険会社は毎年「自転車操業」が可能。
・契約Bは10年間に1回「10」の保険金。10年経過前に事故が起こると累積保険料では不足。
・不足分は借入が必要。借入に伴う利息等のコストを保険料に上乗せする必要あり。
・よって，契約Bの保険料が高くあるべき。

1.6.3. 保険の本来機能③

この上乗せ分を小さく抑えるのが保険。

・一般的な事故発生の実態は契約Bタイプ。
・保険会社は契約Bタイプの契約を数多く引き受ける。
・年度ごとの合計保険金の「ぶれ（バラつき）」が縮小。毎年ほぼ同じ保険金支払。
・「ぶれ」が縮小すれば必要な借入はわずか。
・すなわち，契約件数を増やすほど1契約あたりの上乗せコストは減少。
・その結果，安価な保険料で安心を提供。
・これが，保険の本来機能の1つ。

1.7.1. 保険会社のリスク①

多数の契約を保有する保険会社は，
　　　⇒ 年間の総保険金支払額がぶれにくい。
　　　⇒ 事故が独立事象として発生するならば，年間の総保険金支払額の確率分布は図1のような形状になる。

〈図1〉

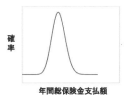

①左右対称，②鋭いピーク，③ピーク値が期待値
ほとんどの年度は「ピークの金額」に近い値となる。

1.7.2. 保険会社のリスク②

・現実は図2のような形状。何故か？
・事故が独立事象ではないから。（＝集積事故*）

　　　＊集積事故とは，共通の原因で複数発生する事故。台風，地震，洪水 etc.

88

〈図2〉

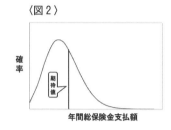

①左右非対称，②なだらかなピーク，
③期待値はピークから高額側にずれる。

1.7.3. 保険会社のリスク③

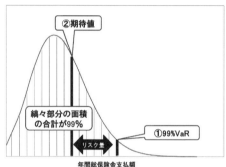

・99% VaR：100年に1回の上振れ
・期待値：毎年の保険料収入を充当
・リスク量：コストをかけて資金調達

経営課題 ｛ ・いかに安価に資金調達するか？
・いかにコストを上回る利益を出すか？
・集積をいかに分散・抑制するか？

- 引受物件・引受金額の制限
- 相関関係の弱い商品の多角販売
- 地域や事故類型の分散

1.8. まとめ

・個人・保険会社とも「ぶれ」がリスクとなる。
・個人のリスクを集めて保険会社のリスクに転嫁・集約すると，以下のようになる。

Σ（個人のリスク）＞保険会社のリスク

・加入者は低廉なコストでリスク回避が可能である。
・保険会社は集約したリスクが資本を超えないように，かつ，コストをより低く抑える
ように経営する必要がある。

2　自動車保険とは何か

2.1.　日本初の自動車保険
■自動車保険の誕生（1914年）
　⇒東京海上保険株式会社（現在の東京海上日動火災保険株式会社）が認可取得
　⇒当時の自動車保有台数は，約1000台
　⇒目的はアメリカでの自動車保険営業
■戦前までは産業用の車両中心
　⇒戦前における保有台数のピークは，約22万台（1938年）

2.2.　戦後復興期の自動車保険
■自動車保険商品の統一化（1947年）
　⇒本来，補償内容・保険料を業界内で協定することは"独禁法"違反
　⇒契約者利益を優先，法律の適用除外
■自動車損害賠償保障法（自賠法）の制定（1955年）
　⇒1956年から自賠責保険を強制付保

2.3.　強制保険と任意保険
■強制保険（自賠責保険）：自動車の運転者の賠償資力を確保するため，契約者に自賠
　　　　　　　　　　　　　責保険の契約締結を強制していることに由来
■任意保険（任意自動車保険）：自賠責保険では補償が足りない場合に備え，上乗せ保
　　　　　　　　　　　　　　険の位置づけで契約者の任意で契約締結することに由
　　　　　　　　　　　　　　来

2.4.　自賠責保険の意義
■被害者救済の徹底
　⇒民法の規定（不法行為等）をそのまま適用せず，特例として自賠法制定
■特色は大きく3つ
①過失がないことの立証責任は加害者
②強制保険（車検制度とリンク）
③政府保障（ひき逃げ・無保険対策）

2.5. 自賠責保険の支払限度額

区　　分	損害の範囲	支払限度額 （被害者1名あたり）
傷　　害	治療関係費，文書料 休業損害，慰謝料	最高120万円
後遺障害	逸失利益，慰謝料等	最高3000万円 （常時介護のとき最高4000万円）
死　　亡	葬儀費，逸失利益，慰謝料	最高3000万円

2.6. 戦後の自動車交通の発展

■マイカーブームの到来

⇒日本の自動車交通は，高度経済成長期に飛躍的発展を遂げる

⇒一方，交通事故による死傷者数は，1970年にほぼ100万人に

乗用車の保有台数推移			
1945年 （昭和20年）	1955年 （昭和30年）	1965年 （昭和40年）	1975年 （昭和50年）
約3万台	約15万台	約200万台	約1,700万台

2.7. 自動車保有台数の推移（単位：万台）

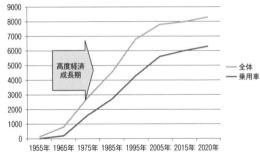

自動車保有台数の増加とともに自動車保険も発展を遂げてきた。

「2020年　乗用車6,300万台　全体8,300万台」

2.8.　交通事故死傷者の推移 （単位：千人）

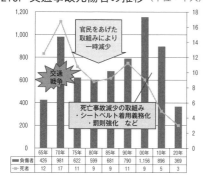

	65年	70年	75年	80年	85年	90年	00年	10年	20年
■■負傷者	426	981	622	599	681	790	1,156	896	369
＊死者	12	17	11	9	9	11	9	5	3

★参考：『交通戦争』と呼ばれた理由

　昭和30（1955）年代以降の自動車交通の急成長に伴い，交通事故の発生が急増した。これに伴い，交通事故死者数の水準が，日清戦争での日本の戦死者（2年間で1万7,282人）を上回る勢いで増加したことから，この状況は一種の「戦争状態」であるとして，「交通戦争」と呼ばれるようになった　　　　　　（『平成17年警察白書』より）

2.9.　任意自動車保険の種類
■リスクに対応した保険の種類
　⇒他人のケガ（対人賠償責任保険）
　⇒他人の財物の損害（対物賠償責任保険）
　⇒本人の車の損害（車両保険）
　⇒本人のケガ（人身傷害保険）
　⇒無保険の車との事故（無保険車傷害保険）　など
■対人賠償責任保険と自賠責保険との関係
　⇒他人へのケガに備える点はいずれも同様だが，対人賠償責任保険は，自賠責保険金では足りない部分の上乗せ補償として機能。

2.10.　各保険の関係
本人の被害か相手の被害，車の被害か人のケガかで整理すると…

	本人の被害	相手の被害
車の損害	車両保険	対物賠償責任保険
人のケガ	人身傷害保険	対人賠償責任保険 （自賠責保険）

2.11. 自動車保険の構成

■自動車保険約款
　⇒自動車保険約款は，商品の基本的内容を定める普通保険約款とこれに付帯される各種の特約条項から構成される。

■普通保険約款（日新火災）
　第一章：賠償責任条項（対人賠償責任と対物賠償責任）
　第二章：人身傷害補償条項
　第三章：無保険車傷害条項
　第四章：車両条項
　第五章：基本条項

■特約条項
　⇒基本的な商品内容・補償内容を修正し，お客さまのニーズに合わせた商品にするための条項

2.12. 保険の自由化

■自由化以前（〜1998年）
　どの保険会社の自動車保険も同じ商品内容で同じ保険料だった。
　したがって，「販売代理店を増やすこと」イコール「売上アップ」だった。

■保険の自由化（1998年〜）
・人身傷害保険の発売
・リスク細分型保険（年齢別・走行距離別・地域別など）の発売
したがって，商品内容でお客さまに選ばれる時代になった。

2.13. 自動車保険の特約

■一般的な特約
・運転者本人・配偶者限定特約（補償範囲を本人と配偶者に限定）
・他車運転危険補償特約（他人の車を運転中の事故まで補償を拡大）
・弁護士費用特約（被害事故による弁護士費用等を負担）
■独自性の高い特約（日新火災含め数社のみで取扱い）
・交通弱者補償特約（対人事故で被害者の過失部分まで補償）
・ドラレコ特約（ドライブレコーダーを貸し出し，事故の衝撃時に事故受付センターへ繋がるサービスを提供）

2.14. 自由化商品例

■賠償責任重視型安心自動車保険（U-25）
　⇒25歳以下の若者向け自動車保険として，低廉な保険料で補償を提供

■家庭用自動車保険（HAP）

　⇒地域別料率を採用し，相対的にリスクの低い地域のお客さまに訴求

■おとなのためのバイク保険

　⇒バイクの車両保険では補償されない「盗難」を低廉な特約保険料で補償

2.15.　自動車保険の保険料

■保険料の概念

損害額×事故確率＝純保険料

　⇒保険加入者100人，事故確率１％，損害額が100万円の場合，１人の保険料を１万円
　とすれば損害をカバーできる計算となる。

■実際の保険料

基本保険料×等級＝適用保険料

　⇒純保険料に保険会社の経費や利潤である付加保険料を加算した基本保険料に，等級
　などの割増引き要素を加味して保険料を算出する。

2.16.　自動車事故解決の流れ

　・事故発生

　・事故当事者から警察等への連絡

　・お客さまから保険会社への連絡

　・保険会社から関係者への連絡

　・各種調査・経過報告

　・示談交渉

　・示談

　・保険金支払

2.17.　示談代行サービスの意義

■保険会社の示談代行サービス

　⇒通常の自動車保険は，「示談代行サービス」が付いている。法律的知識が乏しいお
　客さまであっても交通事故の解決を保険会社に任せることができるため，万一の事
　故でも安心。

　⇒被害者の方にとっても，経験豊富な保険会社の社員による誠意ある対応を期待でき
　るため安心。

2.18.　おわりに

■自動運転の進展

　⇒完全自動運転の世界になれば，人間のミスによる交通事故のほとんどがなくなるた
　め，事故の発生確率は極小化し，自動車保険の需要は減ると言われている。

■ニューリスクへの対応
　⇒そもそも自動車保険もモータリゼーションの進展の中で成長してきた。イノベーションが起きることは，新たなリスクに保険を提供するチャンスになる。

★参考：損害保険マーケットの推移（単位：100万円）

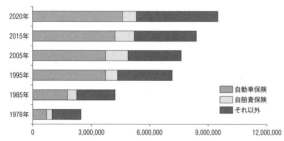

「2020年　自動車保険 4,240,000　自賠責 752,000　それ以外 4,127,000」

★参考文献
東京海上火災保険株式会社編『損害保険実務講座⑥自動車保険』
損害保険料率算出機構『平成27年度損害保険料率算出機構統計集』
保険研究所『インシュアランス損害保険特別統計号』
一般財団法人自動車検査登録情報協会の WEB サイト
『平成17年警察白書』

3　火災保険・地震保険

■保険業法上の分類
　第一分野【生命保険】：定期保険，終身保険
　第二分野【損害保険】：自動車保険，火災保険，賠償責任保険
　第三分野【上記以外】：傷害保険，医療保険，がん保険
■損害保険の性質上の分類
　人保険：傷害保険，医療保険，がん保険
　賠償責任保険：個人賠償責任保険，企業賠償責任保険
　物保険：火災保険，地震保険，動産総合保険，機械保険
　費用・利益保険：利益保険，営業継続費用保険

3.1.　火災保険を構成する要素
■補償条件
・補償範囲

・補償の基準
・保険価額と保険金額
・保険の対象
■保険料決定要素
・所在地，物件種別
・職業と作業
・構　造
・建築年

3.2.　火災保険の補償の対象
次の原因による損害は補償の対象？　　or　　対象外？
①火災　　　②落雷　　　③爆発　　　④台風（風災）　　　⑤河川氾濫（水災）　　　⑥盗難
⑦デモ　　　⑧車の衝突　　　⑨落書き

3.3.　補償の基準（時価と新価）
■価値の２つの考え方
・時価⇒新価から使用による損耗，経過年数等に応じた減価額を差し引いた額
・新価⇒同一の質や規模，用途，型，能力のものを再築または再取得するのに要する額
■なぜ２つの考え方があるのか？
・法律上の考え方と一般的な感覚との違い
・保険の対象の特性による理由（商品，美術品）

3.4.　保険金額
■保険価額
・経済，法制度等の環境によって変わる
・時価基準 or 新価基準
・建築物，設備の価額とは？
　　　　　↓
■保険金額
・補償の最高額であること
・超過保険と一部保険

3.5.　保険の対象
■家計分野
・居住用建物
・家　財

■事業分野
・事業用建物
・設備・装置
・什器・備品
・商品・製品
　⇒特定方式と包括方式の違い

3.6. 所在地・物件種別・職業と作業

■所在地による事故頻度の違い
・九州・西日本では台風が多い
・東北では雪災が多い
・北関東では雷が多い
■物件種別による事故頻度の違い
・住宅物件
・事業物件
■職業や作業による事故頻度の違い
・飲食店，百貨店，食品製造，金属加工

3.7. 構　造

■耐火性能による危険格差

耐火性能	構造
高	コンクリート造 コンクリートブロック造 石造 れんが造 耐火建築物 耐火被覆鉄骨造
中	鉄骨造 準耐火建築物 省令準耐火建物
低	木造

保険料
低

保険料
高

3.8. 料　率

■統計データが不十分または未知の要素を反映して算出

・数年〜数十年間隔で発生する事故をどうやって反映するか？

・データのない1万年に1回の事故をどうやって反映するか？

リスク	料率算出方法
自然災害	・年度ごとの変動が大きく，大規模な自然災害は何十年，何百年に一度となるものがあり，これまでの観測・蓄積データ量では十分ではない。 ・例えば台風では，過去のデータをもとに仮想的に台風を何十万個も発生させ，風速計算し，この風速での現在の建物構造，所在地などでの被害をシュミレーションし算出。
火災等	・各保険会社から収集した契約・支払データのほか，外部データも活用して算出。 ・法令の改正（例・消費税率の引上げ）の影響も考慮。

（出典：損害保険料率算出機構）

3.9.1. 地震保険①

■火災保険では，地震もしくは噴火またはこれらによる津波による火災・損壊等は補償対象外

　　⇔ 地震保険の必要性

■1966年に法制定・制度発足

■政府と民間保険会社が共同運営 ⇔ 巨大損害の可能性

　　　＊地震再保険金支払額（日本地震再保険株式会社HPより）

　　　2011年東日本大震災：約1兆2894億円

　　　2016年熊本地震：約3909億円

　　　2022年福島県沖を震源とする地震：約2654億円

■保険会社等の利潤はなく，準備金として積み立て

■被災者の生活の安定に寄与することを目的

　　　＊地震保険に関する法律（抜粋）

　　　第一条（目的）　この法律は，保険会社等が負う地震保険責任を政府が再保険することにより，地震保険の普及を図り，もつて地震等による被災者の生活の安定に寄与することを目的とする。

3.9.2. 地震保険②

■保険の概要

・補償内容，保険料ともに全社一律

・居住用建物・家財が対象。専用店舗・事務所などは対象外

・火災保険とセットでの加入が必要

・保険料は，所在地，構造，耐震性能によって異なる

・加入できる保険金額は，火災保険の保険金額の30〜50％の範囲内で，建物5000万円，家財1000万円が限度
・保険金は，実際の修理費ではなく，損害の程度に応じて保険金額の一定割合を支払い
■世帯加入率の推移　（出典：損害保険料率算出機構）

1994年度	2010年度	2022年度
9.0％	23.7％	35.0％

3.10. 火災保険が抱える課題
■自然災害の増加による損害率の悪化
・台風，竜巻，豪雨，豪雪
■建物，設備の老朽化による損害率の悪化
・国内の建物，設備全体の老朽化
・メンテナンス不足
■空家の増加による損害率の悪化
・2018年時点：約850万戸，13.6％が空家
・放置された物件で事故が増加

損害保険会社はどうすべき？（保険料引上げ？　引受しない？）

3.11.1. 課題への対応事例①
■分譲マンションのスラム化問題
　→ストックの高経年化：築20年以上が全体の４割
　→管理組合が共用部分に付保する火災保険において建築年が古くなるほど事故が多発
　→成績（イメージ）は次のとおり

築年数	築５年まで	築10年まで	築15年まで	築20年まで	築20年以上
保険料	1	1	1	1	1
保険金	0.2	0.5	0.7	1	2
損害率	20％	50％	70％	100％	200％

あなたが保険会社であればどのような対応をするだろうか？

3.11.2. 課題への対応事例②
■マンション共用部分
　・分譲マンションの共用スペース等をいい，戸室の区分所有者で構成する管理組合が管理をしている

・管理・修繕費用は管埋費と修繕積立金から拠出

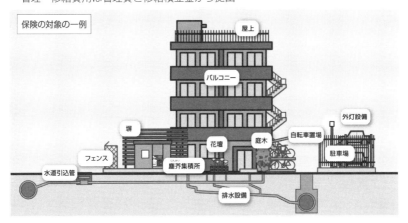

3.11.3. 課題への対応事例③

■ほぼすべての会社で保険料改定を実施

築年数	築5年まで	築10年まで	築15年まで	築20年まで	築20年以上
保険料	0.4	1	1.4	2	4
保険金	0.2	0.5	0.7	1	2
損害率	50%	50%	50%	50%	50%

→統計データ通りに保険料引上げ

→解決されたのは保険会社の収支上の課題のみ

→果たして選択肢はこれだけだろうか？

3.11.4. 課題への対応事例④

■古くなれば事故が増える？

事故の特徴：発生事故の約40％が給排水設備からの水漏れ事故

〈事故原因の典型例〉

・配管の老朽化による錆穴の発生

・配管連結部分への負荷による継手破損

　　⇒メンテナンス不足が真の原因（≠高経年マンション）

　　⇒管理組合の機能不全を解決しなければ状況は悪化

3.11.5. 課題への対応事例⑤

（1）日新火災の商品「マンションドクター火災保険」のコンセプト
・良質な「管理」に対して割安な「保険料」を提供
・管理状況の診断を通じて，管理水準の維持向上に貢献
（2）基本的なしくみ
・マンション管理士による管理状況診断を実施
・日新火災は管理状況診断の結果に応じた保険料水準を提供
・管理状況診断の結果について，マンション管理士よりレポートを提出
↓
管理組合のメリット
・改善課題の認識
・保険料の節減（管理コストの節減）
・専門家のアドバイス

3.11.6. 課題への対応事例⑥

保険料イメージ：診断結果に応じた割引を適用

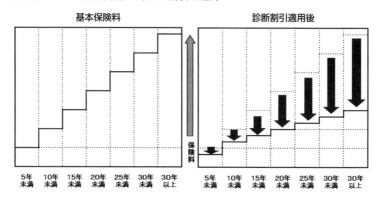

3.11.7. 課題への対応事例⑦

各社保険料比較（東京都：50戸室の例）

保険会社	A社	B社	C社	日新火災
新築	498,430円	647,580円	841,980円	612,050円～817,380円
30年	2,240,110円～5,636,300円	2,922,990円～4,960,930円	2,998,550円～4,797,900円	1,720,230円～4,212,600円
新築 vs 30年保険料格差	約4.5倍～11.3倍	約4.5倍～7.7倍	約3.6倍～5.7倍	約2.8倍～5.2倍

日新火災の調査（2023年1月）による

3.12.　火災保険まとめ

● 火災保険は今や地震危険以外を幅広く補償するオールリスク型が主流
● 火災保険には物保険の特性に応じたルールがある
　・物の価値に沿った規定
　・価値の基準
　・価値の変化
　・保険の対象の特定
● 火災保険は以下のリスク区分に応じて保険料を決定
　・所在地
　・用　途
　・構　造
　・建築年
● 直近の課題
　・自然災害の増加
　・老朽化問題
　・空家問題
● 課題への対応
　・商品設計によっては社会問題への対応も可能

4　さまざまな損害保険

4.1.　代表的な損害保険

自動車保険，自賠責保険，火災保険，地震保険，船舶保険，運送保険，航空保険，機械保険，組立保険，建設工事保険，動産総合保険，盗難保険，ガラス保険，労災総合保険，傷害保険，費用利益保険，賠償責任保険 etc

4.2.　てん補する損害による分類

傷害保険	・死亡した ・ケガをした ・病気になった
物保険	・所有物に損害が生じた
賠償責任保険	・損害賠償責任を負った
費用保険	・（上記以外で）費用が発生 ・利益が減少

自動車保険はセット商品

・死亡した ・ケガをした	人身傷害，搭乗者傷害
・所有物に損害が発した	車両保険
・損害賠償責任を負った	対人賠償，対物賠償
・（上記以外）費用が発生 ・利益が減少	―

4.3. 主な物保険の開発の歴史

開発時期	商　品
1910年頃	火災保険，運送保険
1930年頃	ガラス保険，盗難保険
1950年頃	機械保険，組立保険
1960年頃	建設工事保険，動産総合保険
1970年頃	コンピュータ総合保険，土木工事保険

この鏡（ガラス）の損害はどの保険で補償するか？

火災保険？　ガラス保険？　動産総合保険？

＊各保険事業方法書（例）

火災保険事業方法書（例）

　　保険の目的または保険契約の目的の範囲は，次のとおりとする。

⑴主として火災危険にさらされる<u>各種の動産</u>および不動産ならびにこれらに準ずるもの。

ガラス保険事業方法書（例）

　　保険の目的の範囲は，建物または建物の常用に供する什器・備品に設置されている板ガラス，湾曲ガラスおよび<u>その他のガラス</u>ならびにそれらのガラスに付属する枠・取っ手等とする。

動産総合保険事業方法書（例）
　　保険の目的の範囲は，すべての動産とする。ただし，次の動産を除く。
　(1)自動車
　(2)船舶（ヨット，モーターボート，ボートを除く）
　(3)航空機

4.4.　物保険の統合（日新火災の場合）

開発時期	商　　品
1910年頃	火災保険，運送保険
1930年頃	ガラス保険，盗難保険
1950年頃	機械保険，組立保険
1960年頃	建設工事保険，動産総合保険
1970年頃	コンピュータ総合保険，土木工事保険

・火災保険
・「Ｍｏｎｏ保険」（ガラス・盗難・機械・動産総合・コンピュータ・運送を統合）
・「工事の保険」（建設工事・土木工事・組立を統合）

4.5.　販売上の視点による分類

◆イベント型：一般的に「物を買う」などのイベントとセットとして認知されている保険
◆非イベント型：（上記以外）

分　　類	販売上の特徴
イベント型	・タイミングが重要 ・特定の販売チャンネルが強い ・ニーズは顕在化
非イベント型	・タイミングは重要ではない ・販売チャンネルは幅広い ・ニーズ喚起が重要

4.6.　非イベント型→イベント型（その１）

4.7. 非イベント型→イベント型（その２）

なぜイベント型が良いのか？（売りやすいのか？）

4.8. 変形イベント型（費用利益保険）

携帯電話補償サービス＝携帯電話購入時（イベント発生時）に勧誘

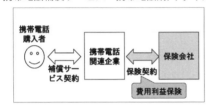

誰にとっての損害とみるかで，引き受ける保険が異なる

これは保険？

同様の主旨で，家電量販店の延長保証は？

■保険業法第2条（定義）

　この法律において「保険業」とは，人の生存又は死亡に関し一定額の保険金を支払うことを約し保険料を収受する保険，一定の偶然の事故によって生ずることのある損害をてん補することを約し保険料を収受する保険その他の保険で，第三条第四項各号又は第五項各号に掲げるものの引受けを行う事業（次に掲げるものを除く。）をいう。

　一　他の法律に特別の規定のあるもの

　二　次に掲げるもの

　　イ　地方公共団体がその住民を相手方として行うもの

　　ロ　一の会社等（会社（外国会社を含む。以下この号において同じ。）その他の事業者（政令で定める者を除く。）をいう。）又はその役員若しくは使用人（役員又は使用人であった者を含む。以下この号において同じ。）が構成する団体がその役員若しくは使用人又はこれらの者の親族（政令で定める者に限る。以下この号において同じ。）を相手方として行うもの

　　ハ　一の労働組合がその組合員（組合員であった者を含む。）又はその親族を相手方として行うもの

　　ニ　会社が同一の会社の集団（一の会社及び当該会社の子会社の集団をいう。）に属する他の会社を相手方として行うもの

　　ホ　一の学校（学校教育法（昭和二十二年法律第二十六号）第一条に規定する学校をいう。）又はその学生が構成する団体がその学生又は生徒を相手方として行うもの

　　ヘ　一の地縁による団体（地方自治法（昭和二十二年法律第六十七号）第二百六十条の二第一項に規定する地縁による団体であって，同条第二項各号に掲げる要件に該当するものをいう。）がその構成員を相手方として行うもの

　　ト　イからヘまでに掲げるものに準ずるものとして政令で定めるもの

　三　政令で定める人数以下の者を相手方とするもの（政令で定めるものを除く。）

保険業法や施行令を確認する限りでは，携帯電話の補償サービスや家電量販店の延長保証は，保険業に該当しそうだが……

■少額短期保険業者向けの監督指針V.(1)（注）2

　予め事故発生に関わらず金銭を徴収して事故発生時に役務的なサービスを提供する形態については，当該サービスを提供する約定の内容，当該サービスの提供主体・方法，従来から当該サービスが保険取引と異なるものとして認知されているか否か，保険業法の規制の趣旨等を総合的に勘案して保険業に該当するかどうかを判断する。

　なお，物の製造販売に付随して，その顧客に当該商品の故障時に修理等のサービスを行う場合は，保険業に該当しない

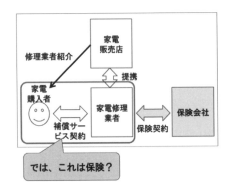

4.9. いわゆるホールインワン保険

「ゴルファー保険　ホールインワン・アルバトロス費用補償特約[*]」

てん補する損害は何？

*ホールインワンまたはアルバトロスについて，達成のお祝いとして実際にかかった費用を支払うという特約。

■保険業法第2条（抜粋）

　この法律において「保険業」とは，人の生存又は死亡に関し一定額の保険金を支払うことを約し保険料を収受する保険，<u>一定の偶然の事故によって生ずることのある損害をてん補することを約し保険料を収受する保険</u>

【保険金を支払う場合】（日新火災の場合）

(1)　当会社は，被保険者がゴルフ場においてゴルフ競技中に(2)または(3)に規定するホールインワンまたはアルバトロスを達成した場合に，<u>慣習として次の費用を負担すること</u>によって被る損害に対して，保険金額を限度に，この特約の規定に従い，保険金を支払います。

①贈呈用記念品購入費用。ただし，下記の購入費用を含みません。

　　ア.貨幣，紙幣　イ.有価証券　ウ.商品券等の物品切手　エ.プリペイドカード

②祝賀会費用

③ゴルフ場に対する記念植樹費用

④同伴キャディに対する祝儀

⑤その他慣習として支出することが適当な社会貢献，自然保護またはゴルフ競技発展に役立つ各種費用。ただし，保険金額の10%を限度とします。

4.10. 自転車保険（昔と今）

■自転車総合保険

　1980年頃に発売開始

【補償内容】

・自転車事故による傷害

・自転車事故による賠償責任

・自転車の損害（盗難など）

■自転車向け保険

　2015年に発売開始（日新火災の場合）

【補償内容】

・日常生活の傷害（交通事故は倍額）

・日常生活の賠償責任

4.11. 販売方法の違いによる新商品開発

＊賃貸用の家財保険を WEB 販売にカスタマイズ

●株式会社アドバンスクリエイト

1 保険業界および保険販売手法の変遷

1.1. 生命保険の基本

「生命保険」のはじまりは17世紀のイギリスで，といわれる

・葬儀費用のために牧師たちが積み立てをした

→原始的な計算ゆえの欠陥があった

→18世紀に統計に基づく近代的生命保険が誕生した

→資産家など一部の人々のものが産業革命後，広く庶民に広まった

1.2. 日本での生命保険の始まり

1868年，福澤諭吉が著書『西洋旅案内』の中で欧米の近代保険制度を紹介

→1880年以降，生命保険会社が設立されるようになった

■どんな生命保険がある？

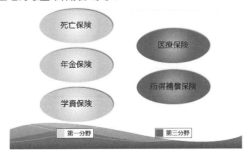

■保険料（掛け金）の計算　←「保険数理」

1.3. 保険業界と販売手法の変遷

	従来の販売	新規参入保険会社	乗合代理店
加入経路	生保レディ	専属コンサルタント	乗合代理店のコンサルタント
加入場所	自宅・勤務先	自宅・勤務先	自宅・保険ショップ
商品	自社商品のみ	自社商品のみ	複数の保険会社
比較	できない	できない	できる

■金融監督庁による「護送船団方式」：画一的な商品，画一的な販売チャネル
→1970年代　外資系保険会社の登場
→1996年　金融ビッグバン（日本版ビッグバン）
■保険業法改正
①損保と生保の相互参入，②乗合代理店，③商品・手数料の変革，④情報開示，
⑤「情報の非対称性」の是正
　　　・保険業界の反応：当初は乗合代理店に強く抵抗
→次第に代理店の乗り合いを認める方向に軟化
■競争激化→業界再編
　保険会社の合併事例

2001. 4.1	大東京火災海上 千代田火災海上	あいおい損保
2001.10.1	三井海上火災 住友海上火災	三井住友海上火災
2002. 7.1	安田火災海上 日産火災海上	損害保険ジャパン
2004. 1.1	明治生命 安田生命	明治安田生命
2004. 10.1	東京海上火災 日動火災海上	東京海上日動火災
2012. 1.1	ジブラルタ生命 AIGスター生命 AIGエジソン生命	ジブラルタ生命
2014. 9.1	損害保険ジャパン 日本興亜損保	損害保険ジャパン日本興亜 （現・損害保険ジャパン）
2015.11.6	日本生命 三井生命	日本生命 三井生命（現・大樹生命）→ 経営統合

→「保険ショップ」の誕生
　保険市場：店舗におけるブランド戦略
→2008年　ネットで保険が買える時代
　オンライン専門保険会社の誕生

1.4. 保険業界の現状

■現在の保険業界には逆風

・人口減少，少子高齢化，格差，国民所得の減少，マイナス金利

・不透明な保険業界に対する風当たりも強い

■保険会社・代理店の利益構造

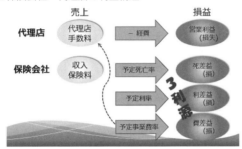

1.5. これからの「保険」

テクノロジーの発達，通信インフラの発達，AI（人工知能）の発達

→どんな社会においても，新たな産業は生まれる

→「リスク」がある限り保険は必要とされる

保険業界にも「変化」の波が押し寄せる

・オープン API（Application Programming Interface）

・P2P（Peer to Peer）保険

2　株式会社アドバンスクリエイトの軌跡：リスクマネジメントとしての「撤退」

アドバンスクリエイトの歴史〜深化と進化〜

「保険を買いに行く」というライフスタイルの確立
保険代理店上場というムーブメント＝保険代理業の産業化

2.1.　黎明期

1995年創業　「着眼大局　着手小局」：大胆に創造し，着実に前進する

　大阪市中央区瓦町のわずか10坪足らずのワンルームで誕生。従業員は2人

1997年　ポスティングに見出したビジネスチャンス

2002年4月　株式上場：専業保険代理店として，国内初の株式上場（通販モデルで上場）

■ポスティング

• 当時の保険販売モデル：G・N・P（義理・人情・プレゼント）や職域募集＝閉鎖的

• 自ら配布し，調べたポスティング確率

　　1000枚配布⇒資料請求1件　10件資料請求⇒申し込み1件以上

• 独自の発想！

　　もし1億枚配布したら？→10万件の資料請求（見込み客）の獲得→1万件の申し込み→5億円の保険料に

■配布世帯数の拡大

1997年9月　開始

2000年9月（3年目）　配布世帯：約1947万世帯，保有契約：約17000件

・ピーク時の配布世帯は約3500万世帯（全国4900万世帯の75%）

　＊参考：読売新聞の発行部数当時1000万部余り

2.2. 膨張期

株式上場を節目に始まった業容拡大

・保険ショップの全国多店舗展開

・損害保険会社の設立

・なぜ，保険ショップを全国多店舗展開したのか？

　1997年からのポスティングにより，事業は急速拡大

　①競合代理店の増加，競争激化 ⇒ レスポンス率，契約率の低下

　②全国100万人以上の顧客データの蓄積 ⇒ 通販見込客をフォロー。他社との差別化

　　＆対面販売へ有効活用

■保険ショップの全国多店舗展開

2004年1月15日業界で先駆けて保険ショップを出店（同時に3店舗）

全国の商業施設への出店を展開〜197店舗まで拡大（2006年9月）

■なぜ，損害保険会社設立？

〈当時の時代背景〉2006年保険業法改正により，少額短期保険という新たな枠組みが開始され，各社が参入することに。

　2008年4月　アドバンスクリエイトは，あいおい損害保険（現在のあいおいニッセイ同和損害保険）と合弁で設立した「アドリック損害保険」の営業を開始。自動車保険から販売開始。

2.3. 質への転換

■なぜ「質への転換を図る」ことへ方針転換したのか？

・「成長」≠「膨張」

理由①　急拡大したことによる，組織態勢の構築の難しさ

理由②　急拡大したことによる，お客様対応の質の低下（採用や人材育成に目が行き届
　　　かなくなる）

・「最大」より「最適」

■「ブルー・オーシャン戦略」

・独立系保険代理店として

・「量」より「質」　中規模高品質企業へ

チャネルのポートフォリオ

「How to Sell」から「How to buy」

■「質への転換を図る」方針

・社員教育

・サービスクオリティの向上　⇒　マネジメント体制を強化

・低採算店の統廃合と大型旗艦店への集約化を進める

・WEB to CALL to REAL のビジネスモデルの進化

・保険通販専業代理店としての変遷

　　ポスティング（1997年）　→　WEB マーケティング（現在）

・多店舗展開していたショップから，コンサルティングプラザへの変遷

理由③　巨大企業とのアライアンス，資本体力の差

理由④　損害保険会社ならではの，想定以上の資本増強が必要

事業の黒字化まで，約10年

損害保険会社の整理「損切り」の決断

2.4. 東証一部上場，そしてプライム市場へ

SNS や専用アプリの発達，簡単・便利な保険購買プロセスが発達
法律改正×テクノロジーの変化
■保険ビジネスにおけるリスクマネジメントとしての「撤退」
・保険ショップの全国多店舗展開→★保険ショップの集約　★「新生保険市場」の誕生
・「中規模高品質への転換」
・保険会社の設立→★損害保険会社の整理　★再保険会社の設立
・〈阻害要因〉：計画通り実績上がらず→保険ショップの統廃合
　　　　　　　　自動車保険以外の商品開発進まず→損切り

2.5. まとめ
• 常に最悪のシナリオを想定し，生き残る最善の方法を考える
　　①朝令暮改も辞さない　②相場張っても意地張るな
• 撤退の美学

3 企業に求められる個性：ビジネスモデル

3.1. ビジネスモデルとは
■企業が収益を生み出す仕組み
・事業として，何を行うか，ターゲットは誰か，どうやって利益を上げるか。
　→「利益」を生み出すための具体的なシステム
■企業におけるビジネスモデルの必要性
・事業目標を達成するため戦略基盤，設計図。
・外部環境（世界・日本・保険業界の情勢）が変われば，変えていく必要がある。

■一般的なビジネスモデル

・物販モデル：商品やサービスを開発・製造→お客様に提供

〈成否のポイント〉商品やサービスの品質が他より優れていること

・卸売・小売モデル：他社が開発・製造した商品→お客様に販売

〈モデルのメリット〉商品開発などのリスクがない。品揃えの変更が比較的容易。

・広告モデル：広告を多くの人の目に触れさせる→広告主から広告費を得る

〈モデルの特徴〉実際の商品・サービスを伴わない原価率・利益率などが多様

■ビジネスモデルの事例

・Alphabet（Google）や Meta（Facebook）のビジネスモデル：広告モデル

・LINE のビジネスモデル：集客＝ SNS サービス，主な収益＝「ゲーム課金」「スタンプ課金」

3.2.　アドバンスクリエイトのビジネスモデル

1997年〜　　ポスティングモデル：広告チラシを住宅の郵便受けに入れる

2004年〜　　保険ショップモデル：お客様の相談窓口

2013年〜　　コンサルティングプラザ体制：ターゲット面／サービス面での差別化

■他代理店との提携モデル

ショップ数の縮小→非カバーエリアの拡大→全国の保険代理店に見込み客情報提供→50％：50％などで共同して保険募集

・2006年〜　　WEB マーケティングモデル：集客手段のシフト（ポスティング→ WEB）

■ポートフォリオ分散

・投資対象の金融商品の組み合わせ・企業経営上の事業の組み合わせ・製品販売上の組み合わせ→複数ある管理運営対象の固まり

・チャネルのポートフォリオ

・収益のポートフォリオ

・メディアモデル，再保険モデル：再保険子会社設立，競争激化を予想→収益源の多様化

■ビジネスモデルとは

・時代とともに絶えず変化し続けるべきもの

・変わらない企業文化と合わせて企業の個性を創造する

3.3.　現在のアドバンスクリエイト

Online Merges with Offline.

・OMO（Online Merges with Offline.）とは，「オンラインとオフラインの融合」を意味し，Online と Offline を一つの大きなマーケットとしてみなし，サービスや機能を融合させていく考え方。

・Online ではお客様に利便性を，Offline では最高の体験を提供。

・オンライン保険相談
　自社開発のビデオ通話システムを用いて、実際にお会いしての面談と遜色ない顧客体験を実現。

エコシステム

・ある一部の地域や空間において，動植物が互いに依存して生態を維持する状態を指し，そのことが転じてビジネスにおいては，業界や製品がお互いに連携することで大きな収益構造を構成する状態を意味する。

・システムの販売や BPO（ビジネスプロセスアウトソーシング）の推進等により，保険会社，保険代理店，一般顧客を含めたエコシステムを形成する。

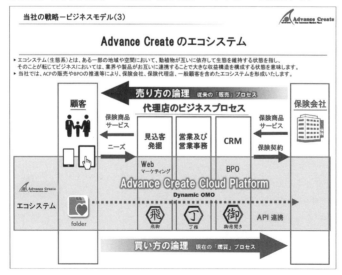

3.4.　企業に求められる個性

ビジネスモデル＝収益の仕組み

なぜ収益が必要なのか？

目的＝「継続」，手段＝「利益」

企業が持つ個性＝文化，理念，フィロソフィー

仕組み×人の質

リスクマネジメントの根底　「凡事徹底」

収益のポートフォリオ

4　保険のマーケティングとは

4.1.　マーケティングとは

・アメリカ・マーケティング協会の定義

「顧客，依頼人，パートナー，社会全体にとって価値のある提供物を創造・伝達・配達・交換するための活動であり，一連の制度，そしてプロセスである。」

　Marketing is the activity, set of institutions, and processes for creating, communicating, delivering, and exchanging offerings that have value for customers, clients, partners, and society at large.

・日本マーケティング協会

「マーケティングとは，企業および他の組織がグローバルな視野に立ち，顧客との相互理解を得ながら，公正な競争を通じて行う市場創造のための総合的活動である。」

・フィリップ・コトラー

「個人と組織の目的を満たすような，交換を生み出すために，アイディアや財やサービスの考案から，価格設定，プロモーション，そして流通に至るまでを計画し実行するプロセス」　さらに，「どのような価値を提供すればターゲット市場のニーズを満た

せるかを探り，その価値を生み出し，顧客に届け，そこから利益を上げること」
■マーケティング活動とは集客ではない
・マーケティングの4P（売り手側の視点）：
　　Product（商品），Price（価格），Place（場所），Promotion（集客）

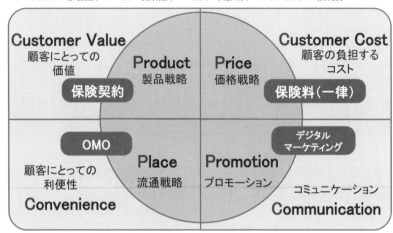

・ベネフィット
「ドリルを買いに来た人が欲しいのは，ドリルではなく穴である」（セオドア・レビット）
商品自体ではなく，商品がもたらす何か良いこと
→売り手都合ではなく，買い手都合で考える

4.2. 保険販売の変遷
■「縁」と「産業構造の変化」
保険販売は「縁」をもとに行われてきた
アルビン・トフラー『第三の波』
　　①第一の波「農業革命」→狩猟から農耕へ
　　　　組織・共同体：家族・村……血縁・地縁
　　②第二の波「産業革命」→工業化
　　　　組織・共同体：企業・会社……社会縁
　　③第三の波「情報革命」→情報化社会
　　　　組織・共同体：ネット・SNS……通信縁
通信縁：ZOOM，Facebook，LINE，X（旧Twitter），Instagram
保険は「売りにいくもの」から「買いにいくもの」に

4.3.　「保険市場」のマーケティング（アドバンスクリエイト）

■WEB マーケティングと SEM（Search Engine Marketing）

　SEM とは，検索エンジンから自社 WEB サイトへの訪問者を増やすマーケティング手法。検索エンジンの検索結果ページから自社サイトを訪れる人は，その分野に関心を持っている可能性が高いため，優良な見込み客となる。

集客（インターネット広告）

ユーザーのインターネット利用時間割合

検索
インターネット全PVの10%以下

サイト閲覧
インターネット全PVの90%以上

検索連動型広告

- Google Adwords
- Yahoo!スポンサードサーチ

ディスプレイ広告

- Google Dysplay Network
- Yahoo Dysplay Network
- Facebook
- LINE

■スピーディなＡＢテストによる改善の積み重ね：「積小為大」

　AB テストとは，２つの異なるパターンの WEB ページを用意して，ユーザーに実際に利用させて，その効果を比較するテストを意味する。

■見るべき指標

ＩＭＰ（インプレッション）⇒どれだけ多くの人に見てもらえたか

ＣＴＲ（クリックスルーレート）⇒どれだけ多くの人にクリックをしてもらえたか

ＣＶＲ（コンバージョンレート）⇒どれだけ多くの人に収益に繋がるアクション（資料請求や店舗予約）をしてもらえたか

4.4.　アドバンスクリエイトによる未来のマーケティング

人口知能・ビッグデータ　→新たなデータベースマーケティング

不易流行

完璧より最速：時流を読む。答えは顧客にしかわからない。→とりあえずやってみる！

5 保険とテクノロジー

5.1. テクノロジーとは？

・人間の感覚を拡張したものである。

「メディア論」 マーシャル・マクルーハン

The role of technology in the insurance industry

人類の進化の歴史は、三つの技術の進化の歴史である

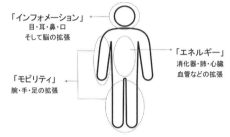

「インフォメーション」
目・耳・鼻・口
そして脳の拡張

「エネルギー」
消化器・肺・心臓
血管などの拡張

「モビリティ」
腕・手・足の拡張

・テクノロジーは加速度的に進展

The role of technology in the insurance industry

" In 1904 in NYC 98% of traffic
was horses.
In 1912 it was 50%.
In 1917 100% of traffic was cars "

出展: Fifth Avenue in New York City on Easter Sunday in 1900", National Archives and Records Administration, Records of the Bureau of Public Roads
(30-N-18827)

5.2. 既存の金融サービスを破壊するもの

■地球上の知を共有する為に World Wide Web が生まれた

・メーカーからユーザーへ一歩通行だった情報が，情報革命により双方向に

・情報の非対称性消滅

■「株式トレーディングの場合，われわれは15−20年前には

マーケットメーク（値付け業務）で500人を抱えていたが，今では３人だ」

ゴールドマン デービッド・ソロモン社長 （Bloomberg 2018-05-01）

5.3. 人工知能（AI）とブロックチェーン

■AIとは
・人間のように考える機械
・機械学習とは，膨大なデータを「学習」することで，次に起こる可能性が高い事象を「予測」すること
・ディープラーニング（深層学習）とは，ニューラルネットを使った機械学習技術のこと
・700万人分の仕事消滅→720万人分の仕事創造

■ブロックチェーンとは
・これまでの取引記録をすべて記録した台帳
・分散して管理される
・記録は消せない
・インターネット誕生以来、最大の革命

5.4. まとめ

■「メーカーが作ったものを買う」から「ユーザーが欲しいものを作る」
・主導権が売り手から買い手に
・テクノロジーの進化によって、ユーザーが恩恵を受ける

6 保険とライフプラン

6.1. 保険業界について

・大規模
　保険業界の規模は年間約40兆円。日本の国家予算の96兆円の40％に相当するマーケット。他業界と比較して非常に大きな業界。

・約 8 割の人が生命保険に加入

　生命保険文化センターの2019年度「生活保障に関する調査」によると，生命保険に加入している人は男女とも多く，男性では81.1％，女性では82.9％となっている。2016年度調査よりも，男性は0.5ポイント，女性は1.6ポイント高くなっている。また，性・年齢別に生命保険加入率をみると，男女とも40〜50代で高くなっている。

・生命保険の加入経路

　生命保険文化センターの2021年度「生命保険に関する全国実態調査」によると，生命保険加入者の半数以上が保険会社の営業職員から加入している。また，加入時に商品比較をしなかった加入者が 7 割近くにのぼっている。

直近加入契約（民保）の加入時の商品比較経験（複数回答）　　　　（％）

	他の民間の生命保険会社（かんぽ生命を除く）	県民共済・生協等の生命共済	かんぽ生命	JAの生命共済	生命保険以外の金融商品や預貯金、公債（損害保険、社債、株式等）	特に比較はしなかった	不明
2021（令和 3 ）年調査（2016〜2021年に加入）	26.5	5.2	2.7	1.7	0.9	67.7	1.0
2018（平成30）年調査（2013〜2018年に加入）	26.9	3.9	3.8	1.5	0.8	66.7	1.2
2015（平成27）年調査（2010〜2015年に加入）	24.7	4.6	3.6	1.3	0.9	69.6	1.1
2012（平成24）年調査（2007〜2012年に加入）	27.1	6.8	2.9	1.5	0.7	66.4	0.9
2009（平成21）年調査（2004〜2009年に加入）	25.0	5.7	2.9	2.4	0.9	67.7	1.1

生命保険文化センター「生命保険に関する全国実態調査」より（https://www.jili.or.jp/files/research/zenkokujittai/pdf/r3/2021honshi_all.pdf）

6.2.　アドバンスクリエイトのビジネスモデル

昔の保険業界の常識	アドバンスクリエイトの常識
・保険は売りに行くもの ・保険代理店の上場は難しい ・保険を買いに来る人はいない 　買いに来る人にはリスクがある ・労働集約型産業 　人の数・縁故知人に頼った集客 　商業施設（集客力のある）に出店	・保険は買いに来ていただくもの ・設立から 6 年半で上場 ・お客様には来店ニーズがある ・情報集約型産業 　情報メディアサイト「保険市場」による集客 　金融工学を駆使した再保険ビジネスの構築

6.3. コンサルティング

お客様の状況をヒアリング

・持病，年収，貯蓄金額，持家 or 賃貸，家族構成，仕事内容

6.4. ライフプラン

■人生におけるイベント

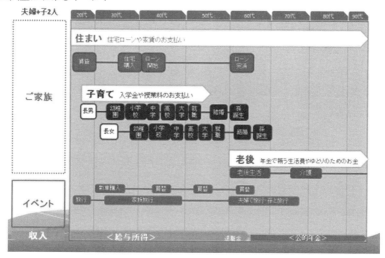

■生涯支出＝金銭的リスク

種別		費用	
		年額	総額（35年）
生活費	食料	85万円	2,975万円
	住居	72万円	2,520万円
	光熱・水道	28万円	980万円
	家具・家事用品	13万円	455万円
	被服・履物	16万円	560万円
	保健医療	14万円	490万円
	交通・通信	64万円	2,240万円
	教育	22万円	770万円
	教養・娯楽	36万円	1,260万円
	その他	80万円	2,800万円
養育・進学費	保育園〜大学（私立）	-	2,500万円
その他	子ども結婚費用	-	300万円
	自動車購入費用	-	600万円
	旅行・レジャー費用	-	300万円
合計			**18,750万円**

■４つのリスク：①万が一のとき　②病気やケガのとき
　　　　　　　　③障害・要介護状態になったとき　④老後に，必要な保障

■老後の資金はいくら必要？

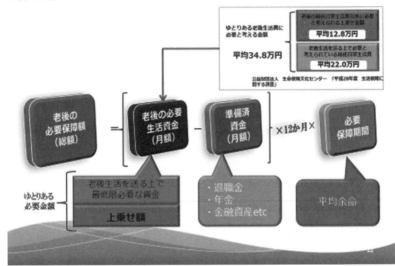

■時間を味方につけるとは？

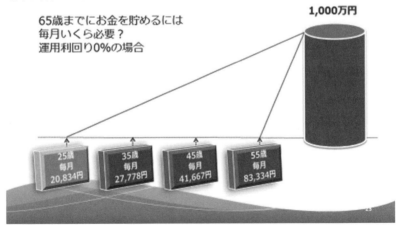

6.5. 生活に関わる保険の種類

死亡保険　　医療保険　　がん保険　　学資保険　　個人年金保険　　収入保障保険
火災保険　　賠償責任保険　　自動車保険
傷害保険　　サイクル保険　　ペット保険　　旅行保険　　介護保険　　ゴルフ保険

「保険」とは？　→　家族への経済的な愛情表現

経営学のデザイン
▶スライドを通して経営学の基本を学ぶ

1　経営学の意義

　人と人が集まれば組織ができる。組織をどのような原理や原則に基づいて運営すれば効率的で社会的に有益なものになるのかを研究するのが経営学である。

　したがって経営学は組織の学問，人の学問である。

1.経営学とは何か

Business Administration Studies

1

経営学とは何か？

- 人と人が集まれば組織になる。
- 組織をどのような原理や原則に基づいて運営すればよいのか。
  - どうすれば効率的になるのか。
  - どうすれば社会的に有益になるのか。
- このことを研究するのが経営学。
  - 経営学＝組織の学問　人の学問

2

経営学の流れ①

- ①資本家＝経営者
  ↓
- ②経営の科学化・専門職業化
  - 「所有と経営の分離」
    - 出資者＝資本所有者とは別人格の専門経営者が経営に携わるようになること
  - （イメージの転換）
  - 専門経営者の登場

3

経営学の流れ②

- ③専門経営者のための学問として経営学誕生

- ④経営学を教える教育機関創設

4

経営学の特徴

- ①interdisciplinary
  - 学際的な・2学科以上にわたる
  - discipline 訓練　学問・分野

- ②practical
  - 実践的な
  - practice実践

5

経営学が目指すものとは？

- 経営学・組織論が目指すもの
  - 「人間性の尊重＝ヒトの尊重」
  - 「合理性の追求＝生産性向上」
  - の両立

6

経営学にはどのような特徴があるだろうか。また，組織の代表例である企業にはどのような特徴があるだろうか。

■マネジメント（経営）とは何か

ドラッカーは，組織が社会に貢献する上で，マネジメント（経営）が果たすべき3つの役割を示している。

①自らの組織に特有の使命を果たす。

②仕事を通じて働く人たちを生かす。

③自らが社会に与える影響を処理するとともに，社会の問題について貢献する。

（ドラッカー〔上田惇生編訳〕『エッセンシャル版 マネジメント―基本と原則』

ダイヤモンド社，2001年，9頁）

企業形態にはどのようなものがあるか？
- ①合名会社
- ②合資会社
- ③合同会社
- ④株式会社

- 個人企業
- 特例有限会社
（2006年会社法で有限会社が株式会社に統合された後も，有限会社を名乗る場合）

7

会社とは？

- 「営利社団法人」
 - 社団性
 - 法人格
 - 営利性

8

企業を英語で表現すると
- corporation
  - ← corporate
- company
- firm
- enterprise
  - ← entrepreneur
- concern
- business

9

会社の種類にはどのようなものがあるか？
- 人的会社
 - ①合名会社 無限責任社員のみ
 - ②合資会社 無限責任社員＋有限責任社員
 - ③合同会社 有限責任社員のみ
 - （2006年会社法で新設）
- 物的会社
 - ④株式会社 有限責任社員のみ

＊有限会社⇒2006年会社法で株式会社に統合

10

何の略か？
- Corp＝
- Inc. ＝
- Co. ＝
- Co. ，Inc. ＝
- Co. ，Ltd. ＝

11

株式会社

- a joint-stock corporation

- a joint stock company

12

2 経営学の潮流

経営学の考え方の流れを俯瞰してみよう。

それぞれの考え方の特徴は何だろう。

テイラーの科学的管理論（スライド18・19）　ファヨールの管理過程論（同20〜24）

メイヨーの人間関係論（同25・26）　　　　バーナードの組織論（同27・28）

アンゾフの成長戦略論（同29）　　　　　　ポーターの競争戦略論（同30）

バーニーのリソース・ベースド・ビュー論（同31）

野中郁次郎の知識創造論（同32・33）　　　キムらのブルー・オーシャン戦略論（同34）

---

2. 経営学にはどのような考え方があるのだろうか？

**Stream of
Business Administration
Studies**

13

経営学とは

- （　　　）がどのような原理・原則に基づけば効率的に運営され、社会的に有益なものとなり得るかについて研究するのが経営学である。
- （　　　）の学問←（　　　）の学問
- organization　　　　　　　human

14

(復習) 経営学の流れ

- ①資本家＝経営者
- ②経営の科学化・専門職業化
  - ・（イメージの転換）
  - ・「　　　　　　　　　　　　　　」
    - ・出資者＝資本所有者とは別人格の専門経営者が経営に携わるようになること
  - ・専門経営者の登場
  - ・専門経営者のための学問として経営学誕生

15

経営学を学ぶ

経営学にはさまざまな分野がある。

- ・意思決定論
- ・組織論
- ・経営管理論
- ・財務論
- ・会計論
- ・経営戦略論
- ・マーケティング論
- ・労務管理論
- ・経営情報論

16

経営学説

- ・テイラーの科学的管理
- ・ファヨールの管理過程論
- ・ホーソン工場における実験と人間関係論
- ・バーナードの組織論
- ・意思決定論
- ・経営戦略論
- ・…

17

テイラーの科学的管理

Scientific Management

- ・フレデリック・テイラー (Frederick Taylor 1856-1915)
- ・アメリカ　法律家の夢絶たれ工場勤務。生産性向上。
- ・時間分析
  - ・（ある作業にかかる標準的な時間を測定）
- ・動作分析
  - ・（ある作業の標準的な動作を規定）
- ・作業の標準化→出来高給制度
  - ・（ある作業について、標準的な動作で標準時間以内で達成できたかどうかを基準に報酬を支払う）
- ・『科学的管理の原理』(1911)

18

テイラーの科学的管理論はどのように応用されたか？

- フォード・システム
- ヘンリー・フォード (Henry Ford 1863-1947)
  - 効率的な大量生産システム
  - T型タイプの車を「流れ作業」により大量生産

19

ファヨールの管理過程論

- アンリ・ファヨール (Henri Fayol 1841-1925)
- フランス　鉱山会社の社長を30年務める
- 『産業ならびに一般の管理』(1916)
- General and Industrial Administration
  - 企業活動を6分類⇒
  - 「技術」「商業」「財務」「会計」「保全」「管理」

20

ファヨールによる企業の6活動を現代流に言えば

- 技術　＝Production
- 商業　＝Marketing
- 財務　＝Finance
- 会計　＝Accounting
- 保全　＝Risk Management
- 管理　＝Administration

21

ファヨールの理論とリスクマネジメントの関連

- 保全的職能
- Security Function
- 「従業員と資産の保護」
  ←経営学の分野で世界で初めてリスクマネジメントに言及した。

22

ファヨールの管理過程論

- ファヨールは企業の6活動のうち特に「管理」が重要であると考え
- 循環する5つの要素だと指摘した。
- ⇒①計画（予測）⇒
    ②組織⇒
    ③命令⇒
    ④調整⇒
    ⑤統制⇒

23

管理過程論(Management Cycle)

- ファヨールによる管理過程の考え方は現代における「マネジメント・サイクル」の考え方の出発点になった。
- （ファヨールの管理過程）
  - 計画→組織→命令→調整→統制
- （現代のPDCAサイクル）
  - Plan → Do → Check → Action
  - Plan → Do → See

24

ホーソン工場における実験と人間関係論

- **ウエスタン・エレクトリック社のホーソン工場での実験**
- **(1924－1932)**
- **休憩のとり方や照明の明暗など「労働環境」に関する実験**

25

ホーソン工場における実験
Hawthorne Experiments

- 人間関係論
  - エルトン・メイヨー(Elton Mayo, 1880-1949)
- 生産性向上につながるのは「労働環境」よりもむしろ「人間関係」であると結論
- 「社会的存在としての人間」に価値
  ⇒モチベーション研究
  ⇒リーダーシップ研究
  ⇒カウンセリング研究

26

バーナードの組織論

- チェスター・バーナード
- Chester Bernard 1886-1961
- 『経営者の役割』
- *The Function of the Executive* 1938
  - 組織＝協働システム
  - 合理性と人間性の統合

27

バーナードの組織論
（　）内に入る英語は？

- 組織 ＝協働システム
- 組織の3要素
  - 共通目的(　　　　　　　　　)
  - コミュニケーション(　　　　　　)
  - 貢献意欲(　　　　　　　　)

  - 組織に共通目的(経営戦略　strategy　)
    を与えるのが経営者の役割

28

経営戦略論① イゴール・アンゾフ(Igor Ansoff 1918-2002)
『企業戦略論 (Corporate Strategy)』(1965)
経営戦略の意味
- ①3Sモデル(戦略Strategy 構造Structure システムSystem)
- ②ギャップ分析(現状とあるべき姿(to be)のギャップ)
- ③企業戦略(各事業の「事業戦略」と全体の「企業戦略」に分割)
- ④競争力の源泉（コアとなる強み）
4つの戦略的要素
- ①製品・市場分野(ドメイン)と自社能力の明確化
- ②競争環境の特性理解
- ③シナジー(相乗効果)の追求　④成長ベクトルの決定

	既存製品	新製品	成長ベクトル
既存市場	①市場浸透戦略	②新製品開発戦略	①⇒②⇒③⇒④
新しい市場	③新市場開拓戦略	④多角化戦略	

29

経営戦略論② ポジショニング(どこに位置どるか)
マイケル・ポーター(Michael Porter 1947-)の競争戦略
『競争戦略(Competitive Strategy)』1980)『競争優位(Competitive Advantage)』(1985)
(1)5フォース分析(5つの力に着目して業界構造を分析)

新規参入者Entrant

供給者Supplier⑤→ 競合Competitor ←④ 買い手Buyer

代替品Substitution

(2)戦略の3類型

		競争優位の源泉	
		コスト	差異化
対象市場	広い	コストリーダーシップ Cost Leadership 例 マクドナルド カローラ	差異化 Differentiation 例 モスバーガー ベンツ
	狭い	コスト・集中 Focus	差異化・集中

(3)バリュー・チェーン(企業各部門における価値創造の連鎖)

30

経営戦略論③ リソース・ベースド・ビュー(いかに資源を使うか)
Resource Based View 資源ベースの経営戦略論

- ジェイ・バーニー(1954-)「経営資源と持続的な競争優位」
  Barney, J.B. "Firm Resources and Sustained Competitive
  Advantage", *Journal of Management*, Vol.17, 1991.
- バーニーのVRIOモデル　VRIOによって持続的な競争優位
  - Value(経済価値):顧客にとって価値があるか
  - Rare(稀少性):競合他社にとって入手が困難か
  - Imperfect Imitability(模倣困難性):真似するのが難しいか
  - Organization(組織):資源を有効に活用できる組織か
  - →ケイパビリティ論　Capability　企業能力
  - ゲイリー・ハメルとCKプラハード「コア・コンピタンス」論
  - Core Competence　中核能力

31

知識創造論

- 野中郁次郎　(1935-)
- *The Knowledge Creating Company*
- 『知識創造企業』
- (野中郁次郎・竹内弘高 1996年)
- 形式知
- 文章で表現された知識　図表化された知識
- 暗黙知
- 「匠の技」「名人芸」のように客観的に表現できない知識

32

SECIモデル　知識創造スパイラル

- 共同化　Socialization
  - 暗黙知→暗黙知　　お互いの技を伝えあい切磋琢磨
- 表出化　Externalization
  - 暗黙知→形式知　　自分の技を文章化する
- 連結化　Combination
  - 形式知→形式知　　いろいろな文章を組合わせ洗練
- 内面化　Internalization
  - 形式知→暗黙知　文章に書いたことを訓練により
    体に覚えこませる　/ 技の体得

33

ブルー・オーシャン戦略
Blue Ocean Strategy
Wチャン・キム(1952-)とレネ・モボルニュ(1963-)
W Chan Kim　　　　　Renée Maulborgne
『ブルー・オーシャン戦略　競争のない世界を創造する』(2005)

レッド・オーシャン:強豪がひしめき血みどろの競争をする市場でなく→
ブルー・オーシャン:新しい価値に基づき競争のない市場を切り開く
　　例:
　　　10分間1000円の理容室　QBハウス
　　　独自のスタイルでショーを展開していた当時のシルク・ド・ソレイユ
　　　　　　　　　　　　　(2020年 コロナ禍により経営破綻)
ブルー・オーシャン戦略を参考にして任天堂が
DS(2004年) Wii(2007年) 開発=大人や女性向けゲーム市場

34

3 会社の設立

　経営学は組織の学問，人の学問である。

　企業は組織の代表例である。企業を設立するには，自分のアイディアに賛同してくれる人を募り，お金（資金）を調達し，組織を作り上げ，法人格を取得しなければならない。具体的には，どのような手順が必要となるのだろうか。ひとつひとつのステップを確認してみよう。

【株式会社の設立手続き】
①発起人を決定
②会社の基本事項（商号，目的，本店所在地，出資額など）決定
③会社代表印（印鑑）作成
④定款作成
⑤金融機関に出資金を払込
⑥設立登記申請書を提出
⑦受理されれば会社設立
⑧諸官庁に会社を設立した旨の届出書を提出

---

3. 会社の設立

Establishment of a Company

35

「会社法」
←「商法特例法」「有限会社法」「商法第二編「会社」」
1つの法律にまとめられて
2005年7月公布・2006年5月施行

1) 条文　カタカナ⇒ひらがな
2) 起業を容易に
3) M&A（企業の合併・買収）を柔軟に
4) 有限会社の廃止（有限会社の新設停止）
5) 合同会社、LLP（有限責任事業組合）、会計参与の新設
6) 最低資本金制度　廃止（1円起業可）
7) 公開会社　と　株式譲渡制限会社

36

2006年「会社法」
における4種類の会社

・人的会社　（人に信用力）
　−①合名会社　無限責任社員のみ
　−②合資会社　無限責任社員と有限責任社員
　−③合同会社（新設）有限責任社員のみ
　　（人を基本とした「人的会社」でありながら「有限責任」
　　→研究開発や産学連携に適す。法人も社員となれる
　　ので企業同士の共同事業にも使用可能）
・物的会社　（物・資本に信用力）
　−④株式会社　有限責任株主

37

有限会社はどうなったか？
2006年「会社法」により「有限会社」の新設はなくなり
「株式会社」にまとめられる。

・選択肢1：
　−そのまま「有限会社」という商号を名乗る
　−→「特例有限会社」
・選択肢2：
　−株式会社に変更する
　−→「有限会社」について解散の登記をし
　　「株式会社」について設立の登記をする

38

LLP（Limited Liability Partnership）
有限責任事業組合

- 2006年「会社法」に関連して新設
- 「構成員課税」
  - 税金が組織に対してかからず、出資者に対してのみかかる
- 「有限責任」
- 「内部自治」
  - 内部組織の形態　基本的に自由

39

会社の設立

- 会社の設立＝「営利社団法人」を作ること

- 団体の形成
  - ①定款（ていかん）の作成
  - ②社員の確定
  - ③機関（の選任）
- 法人格の取得
  - 設立登記

40

①定款（ていかん）の作成

- 絶対的記載事項
  - ①目的
  - ②商号
  - ③本店所在地
  - ④設立に際して出資される財産の価値またはその最低額
  - ⑤発起人の氏名または名称と住所
  - ⑥発行可能株式総数

41

②社員の確定

- 出資を行う社員の確定
  （出資の引き受けおよび払込）

  - ①発起設立
    - 発起人が設立の際に発行される株式のすべてを引き受ける
  - ②募集設立
    - 発起人は設立の際に発行される株式の一部だけを引き受け、残りについては発起人以外の者に対して募集を行う

42

発起人・
最低資本金制度（2006年「会社法」で廃止）

- **発起人**
  - 従来7人以上必要であった。
  - 1990年商法改正で1人でも可能に。
- 1990年商法改正で最低資本金制度
  - 株式会社1000万円（有限会社300万円）
  - →2006年「会社法」で最低資本金制度廃止
  - →「出資すべき金額はいくらであってもいい」
  - →「資本金は1円であってもいい」

43

株金の払込

- 株金の払込は払込取扱銀行に対して行われる
- 払込取扱銀行は払込金保管証明書を発行
- 株式払込金保管証明書は設立登記の申請の際に添付書類として必要
  - →2006年「会社法」により発起設立の場合、株式払込金保管証明書が不要に
  - →残高証明があればよい

44

③機関の選定

- ①発起設立の場合
  - 発起人の間で取締役と監査役等を選任
  - 創立総会を開催する必要なし
- ②募集設立
  - 募集手続きならびに創立総会の必要あり
  - 創立総会において取締役と監査役等の機関の選任

45

設立登記→法人格の取得

- 必ず登記しなければならない事項
- ①目的，②商号，③発行可能株式数
- ④公告の方法，⑤本店・支店所在地
- ⑥発行済み株式総数ならびにその種類
- ⑦資本（金）の額
- ⑧取締役・監査役等の氏名
- ⑨代表取締役の氏名住所

46

4　経営理念

　経営理念とは，企業が事業活動を通じて追求する理想や指針のことである。そこには，リスクをとって会社を創業した人物の思いが込められる。

　企業のWEBサイトなどで，どのような経営理念が掲げられているか，調べてみよう。

　1918年に松下電器（現在のPanasonic）を創業した松下幸之助が示した綱領は次のとおりである。

　「産業人たるの本分に徹し社会生活の改善と向上を図り世界文化の進展に寄与せんことを期す」

---

4. 経営理念とは何だろうか？

**Corporate
Philosophy**

47

経営理念とは

ビジョン（理想像）　＋　ミッション（使命）

- 事業活動を通じて追求する理想や指針
- 「企業が事業を通じて社会に対して何をしたいのか」「どういう価値観や規範に基づいて事業を行おうとしているのか」を示す
- 創業者による基本的精神や経営信条
  - 「企業理念」「ビジョン」「ミッション」「経営哲学」「フィロソフィー」「社是」「社訓」「綱領」「指針」等として明文化

48

例　ファーストリテイリングの経営理念

FAST RETAILING WAY（FRグループ企業理念）
ステートメント – Statement

服を変え、常識を変え、世界を変えていく

ファーストリテイリンググループのミッション – Mission

本当に良い服、今までにない新しい価値を持つ服を創造し、世界中のあらゆる人々に、良い服を着る喜び、幸せ、満足を提供します

独自の企業活動を通じて人々の暮らしの充実に貢献し、社会との調和ある発展を目指します

私たちの価値観 – Value　お客様の立場に立脚　革新と挑戦
　個の尊重、会社と個人の成長　正しさへのこだわり

私の行動規範 – Principle　お客様のために、あらゆる活動を行います

卓越性を追求し、最高水準を目指します　何事もスピーディに実行します
多様性を活かし、チームワークによって高い成果を上げます
現場・現物・現実に基づき、リアルなビジネス活動を行います
高い倫理観を持った地球市民として行動します

49

本田技研工業

本田宗一郎（1906-1991）

- ［社是］
- わたしたちは，世界的視野に立ち，世界中の顧客の満足のために，質の高い商品を適正な価格で供給することに全力を尽くす
- ［運営方針］
- ①常に夢と若さを保つこと
- ②理論とアィディアと時間を尊重すること
- ③仕事を愛し，職場を明るくすること
- ④調和のとれた仕事の流れを作り上げること
- ⑤不断の研究と努力を忘れないこと

50

理念→戦略→ビジネスモデル→計画

経営理念　Vision（将来像）＋ Mission（使命）
　→経営戦略
　　→→ビジネスモデル
　　　→→→経営計画
　　　　　Plan → Do → See
　　　　　（=Plan→Do→Check→Action）
　　ファヨールの管理サイクル：計画・組織・命令・調整・統制
　　企業の6活動：技術・商業・財務・会計・保全・管理

51

あなたが起業するとして
その「経営理念」を書いて下さい

「

　　　　　　　　　　　　　　　　　　　」

Vision（将来、何を目指すか）

Mission（社会的使命）

52

5 組　織

企業の基本的な組織形態は，①株主総会，②取締役会，③監査役（会）で構成される。
経営陣，トップマネジメントのあり方について，日本と欧米企業を比較してみよう。

ライン&スタッフ組織（職能別組織）とはどのような形態だろうか。
事業部制組織（あるいはカンパニー制など）とはどのような形態だろうか。
具体的な企業の組織形態について，企業の WEB サイトで調べてみよう。

　合同会社 USJ の場合，「社長 CEO」の下に「マーケティング本部」「エンターテイ
メント本部」「ユニバーサル・クリエイティブ」「パークオペレーション本部」「ファイ
ナンス・IT 本部」「人事・総務本部」の 6 本部がある。リスクマネジメント関連では
「エンタープライズ・リスクマネジメント委員会」，「コンプライアンス委員会」，「安全
衛生委員会」，「防災委員会」が組織されている。

　世界最大の保険グループ，フランスのアクサ（AXA）が日本で展開する事業は，日
本事業の持ち株会社「アクサ・ホールディングス・ジャパン」の傘下に，「アクサ生命
保険」，「アクサ損害保険」，「アクサダイレクト生命保険」が入る形になっている。

5. 組織にはどのような 形態があるのだろうか？ **Organization** 53	**株式会社組織の形態** ・株式会社の機関 　－株主→株主総会 　－取締役（→取締役会） 　－代表取締役 　－監査役（→監査役会） 54
2006年「会社法」による組織形態 それまで 「株主総会＋取締役会(3人以上)＋監査役」 2006年「会社法」～ 「株主総会＋取締役(1人でもOK)」 　　↑　選択可能　↓ 「株主総会＋取締役会(3人以上)＋監査役 など」 55	**トップマネジメントの日米比較（1）** ・トップマネジメント＝経営トップと最高幹部 ・欧米企業のトップマネジメントでは 　・最高意思決定(Decision)の機関と 　・最高執行(Action)の機関とが明確に分離 ・日本企業のトップマネジメントでは 　・最高意思決定の機関と最高執行の機関 　が混然一体化している傾向 56

トップマネジメントの日米比較（2）

- 日本のトップマネジメントの例
- 会長ー社長ー副社長
  - ー専務取締役ー常務取締役ー取締役
- 日本の企業では常務以上の取締役から構成される
  常務会が最高意思決定機関を担う場合がある
  （取締役会は単純な承認の場）
- 常務会のような組織は会社の最高意思決定を行う
  とともに執行機関の長である社長の補佐機関として
  の役割を果たす

57

トップマネジメントの日米比較（3）

- 米国のトップマネジメントの例
- 会長(Chairman)兼CEOー社長(President)兼COO
- CEO（Chief Executive Officer）
  - ー最高経営責任者
  - ー取締役会の任命により企業運営を任される
    （意思決定機関／運営方針を作る機関）
- COO（Chief Operating Officer）
  - ー最高執行責任者
  - ーCEOの指揮下にあって業務執行を任される
  - ー（CEOの決定に基づく業務執行機関）

58

職能別組織
Functional Organization
ライン＆スタッフ組織

- ライン組織
  - ー生産・販売など
    企業のメインの業務を直接担当する部門

- スタッフ組織
  - ー企画・人事・総務など
    ライン部門の支援をする部門

59

（例）職能別組織
ライン＆スタッフ組織
亀井おにぎりのライン・アンド・スタッフ制組織

仮想会社 亀井おにぎり
注文を受けてその場でおにぎりを作り、持ち時間に似顔絵を描く。配達もする。

ライン組織 製造・マーケティング・アフターサービス　スタッフ組織 人事・財務

60

事業部制組織

- 本社（トップマネジメント）の下に
- 製品別や地域別に分けた事業部を置く組織

- 持ち株会社 Holding
- 戦後、日本を占領したアメリカは戦前の財閥が
  日本の軍国主義を支えたとして、財閥を解体し
  た。財閥の本社は持ち株会社だった。
- 1947年に独占禁止法により持ち株会社禁止
- →1997年に産業界の要望により持株会社解禁

61

（例）事業部制組織
亀井おにぎりの事業部制（カンパニー制）

（実例）持ち株会社によるグループ

62

トップマネジメント

- 比較してみよう
  - ー欧米企業のトップマネジメント
  - ー日本企業のトップマネジメント

  - ートップの肩書は
  - ー最高意思決定機関の名称は

63

企業の組織形態

- 各企業のWEBサイトを調べてみよう
  - ートップマネジメントはどのような体制に
    なっているか

  - ー全体的な組織はどのような構成に
    なっているか

  - ー持ち株会社によるグループの場合
    どのような事業会社があるか

64

6 資金の調達

経営理念を掲げた。人が集まって組織を作り上げた。そして事業活動を展開するには，お金（資金）が必要である。

企業はどのようにして資金を調達するのだろうか。
株式にはどのような役割があるだろうか。
M&A（企業の合併・買収）の例を調べてみよう。

---

6. 株式とは何だろうか？

Stock

65

株式とは
- 株式の役割
- 株主の出資と会社支配をつなぐもの
  - 株主総会において「1株式1票」となり
  - 「資本多数決の原則」により
  - 過半数（50%）の株式を所有すれば会社支配が可能となる
- 株式の公開
  - 証券取引所で第三者による株式売買を可能にすること＝証券取引所　上場（じょうじょう）

66

株式会社の支配構造と出資の関係
- 資本多数決の原則

- 一株一議決権の原則
  - （株主1人1票ではなく1株式1票）

67

株式は2つの権利を表現する

- 「自益権」→経済的利益
  - 剰余金（利益）配当請求権
  - 残余財産分配請求権

- 「共益権」→支配的利益
  - 議決権
  - ＝会社の経営に関与する権利

68

株式会社の資金調達手段
- 「他人資本」による資金調達
  - 銀行からの借入金
  - 社債の発行
- 「自己資本」による資金調達
  - 新株の発行
- 内部資金による調達
  - 内部留保および減価償却の累計額として会社内部に蓄積されたもの
  - 内部留保：剰余金（利益）から、どれだけ株主に配当し、どれだけ内部留保するか決定。そして残った資金。

69

M＆A(Mergers & Acquisitions) 企業の合併・買収
- 2つの会社を一つに融合する合併(Merger)と他の会社を子会社にする買収（Acquisition）
- 株式公開買い付け　TOB（Take Over Bid）
  - 短期間で買収を可能にする制度
  - 一定の買い付け期間内に、同一価格で、予定数に達するまで被買収企業の株式を買い付ける
  - 例：2019年コクヨがぺんてるに対するTOBに失敗
- M&Aの例
  - 2009年サントリーがオランジーナを買収
  - 2016年ファミリーマートがサークルKやサンクスを運営するユニーグループを吸収合併

70

7　財務諸表の基本

　財務諸表には「損益計算書」「貸借対照表」「キャッシュフロー計算書」などがある。
　損益計算書は，「収益－費用＝利益」の形で１年間の利益を示す。

①売上総利益＝売上高－売上原価

②営業利益＝①－販売費用および一般管理費

③経常利益＝②＋営業外収益（受取利息，配当金）－営業外費用（支払利息）

④税引き前当期利益＝③＋特別利益(固定資産売却益など)－特別損失(災害損失など)

⑤当期利益（④－法人税など）

　貸借対照表とは，決算日の時点で，どのようにお金を調達し，使ったかを示したものである。貸借対照表の左側（借方）に資産（何にお金を使ったか）を，右側（貸方）に負債（どのようにお金を借りたか）と純資産（どのようにお金を稼いだか）を記録する。つまり，借方にお金の使徒を記録し，貸方にお金の調達先を記録する。

　貸借対照表の形を把握しよう。「資産」「負債」「純資産」とは何か？
　WEBサイトで，具体的な企業の貸借対照表や損益計算書を入手して調べてみよう。

---

7. 財務諸表とは
どのような形式か？

Financial Statesments

71

財務諸表

- 「損益計算書」（そんえきけいさんしょ）
  - 会社が1年間の「利益」（どのようにしていくらもうけたか）を示す
- 「貸借対照表」（たいしゃくたいしょうひょう）
  - 会社の「資産」と「負債」の状態と「純資産」の内容を一覧表に示す
- 「キャッシュフロー計算書」
  - 現金（キャッシュ）の流れ（フロー）を示す
  - キャッシュの側面から、損益計算書の利益と貸借対照表の資産負債の増減との関係を示す

72

損益計算書
1年間のもうけ（利益）を見る
- **P/L Profit and Loss Statement**

5種類の利益

①売上総利益（売上高－売上原価）

②営業利益　（①－販売費・管理費）

③経常利益　（②＋受取利息－支払利息）

④税引前当期純利益（③＋特別利益－特別損失）

⑤当期純利益　（④－税金）

＊法人税・住民税・事業税

73

貸借対照表とは？
B／S=Balance　Sheet

ある時点（決算日）の
会社の資産負債の状態と
純資産の内容とを
一覧表にまとめて表現したもの

74

貸借対照表 B／S＝Balance Sheet

資産	負債
	純資産 （資本）

借方 （かりかた） 左側←	貸方 （かしかた） →右側

75

財産状態の表し方は？

- 貸借対照表の形

左側（借方）に おカネの 使途 （資金を何に 使ったか）	右側（貸方）に おカネの 調達先 （資金を どのようにして 手に入れたか）

76

資産の中身は？

- 資産には
- 流動資産と
- 固定資産がある。

77

流動資産とは？

- 現金
- 預金
- すぐに換金できるもの
  - まだ回収していない販売代金
  - 販売用の商品在庫

78

「流動」←→「固定」

- One Year Rule（一年基準）
  - 1年以内に現金化されるもの→流動資産
  - 1年以内に返済されるもの→流動負債

- 営業循環基準
  - 営業循環の過程にある資産とこれらの資産の調達に関わる債務→
  - One Year Rule（一年基準）に関係なく流動資産、流動負債とする

79

流動資産の種類①

- 現金
- 預金
- 受取手形
- 売掛金（うりかけきん）
  - 売り上げてから代金が入るまでの状態
- 有価証券 （株式、社債）

ポイント	売る会社	買う会社
	受取手形	支払手形
	売掛金	買掛金

80

流動資産の種類②

- たな卸資産（たなおろししさん）
  - 原材料
  - 仕掛品＝工場で生産途中のもの
  - 製品＝工場で完成したもの
  - 商品＝販売店で販売されるもの

81

固定資産とは？

- 1年をこえる長期間にわたって企業が所有する資産
- 有形固定資産
  - －土地、建物、備品など
- 無形固定資産
  - －特許権、著作権、商標権、
  - －投資など

82

固定資産と減価償却費

- 固定資産の購入費すべてをその期の費用として計上すると、その期の利益を正確に計算できない。
- 有形固定資産は時間が経過すると、その価値が減少する。5年前に購入した車を売ろうとすると購入時の値段より安い値段で評価される。
- 有形固定資産の使用可能期間（耐用年数）にわたり、有形固定資産の価値の減少額を取得したときの帳簿価額から減額＝減価償却
- 耐用年数3年の有形固定資産300万円なら、翌年から毎年「資産」として100万円減額し、「費用」として100万円計上する。

83

負債と資本（純資産）の違いは？

- 資金の調達先には
- 返済義務のある「負債」と
- 株主の持分である「純資産」がある。

84

流動負債

- 支払手形
- 買掛金
- 短期借入金
- 前受金
  - 販売より前に販売先から受け取った契約手付金や予約金

85

固定負債

- 社債
  - 長期資金を借りるために発行する債券
- 長期借入金
  - 返済期限が決算日から1年を超える
- 退職給付引当金
  - 従業員の退職に備える積み立て。
  - 退職は1年以上先なので固定負債に区分

86

資本（純資産）は誰のもの？

- ①株主の払い込んだ「資本金」
- ②企業が生み出した「利益」

- ①と②の積み立て額の合計
- 株主に帰属

87

純資産

- ①株主資本
  - 資本金
  - 資本剰余金
  - 利益剰余金
  - 自己株式

- ②評価・換算差額等
- ③新株予約権

88

キャッシュフロー計算書

- ①営業キャッシュフロー
  - 営業活動（仕入れ・製造・販売・管理など）から生じるキャッシュ
- ②投資キャッシュフロー
  - 固定資産（土地・建物）取得や売却、有価証券の取得や売却、関係会社への株式投資や貸付金の増減などによるキャッシュ
- ③財務キャッシュフロー
  - 銀行借入金による資金調達や借入返済、社債発行による資金調達や償還、自己株式の取得、配当金の支払い、新株発行による増資などによるキャッシュ

89

参考文献

- 宍戸善一『ベーシック会社法入門　第7版』日本経済新聞社　2015年
- 佐々木秀一『財務諸表入門　第6版』日本経済新聞社　2011年
- 三谷宏治『すべての働く人のための新しい経営学』Discover 2019年

90

8 複式簿記の基本

複式簿記では，ひとつの取引を借方（何にお金を使ったか＝お金の使途）と貸方（どのようにお金を手に入れたか＝お金の調達先）の２つの側面から記録する。借方と貸方に分けて記録することを仕訳という。貸借対照表では「資産」「負債」「純資産」，損益計算書では「費用」「収益」が大きな勘定科目である。

本拠地，スポーツのホームグラウンドという言葉を使って説明すれば，借方を本拠地とするのは「資産」と「費用」である。一方，貸方を本拠地とするのは「負債」「純資産」「収益」である。本拠地に仕訳するときは「増加した」「存在する」という取引である。例えば，資産が増えたという取引は，資産の本拠地である借方に仕訳する。

勘定科目をスポーツチームに例えれば，「貸借対照表」リーグには，「資産」「負債」「純資産」の３チームがあり，「損益計算書」リーグには「費用」「収益」の２チームがある。「資産」チームの代表選手は「現金」「預金」「受取手形」「売掛金」，「負債」チームの代表選手は「支払手形」「買掛金」「借入金」，「純資産」チームの代表選手は「資本金」「準備金」，「収益」チームの代表選手は「売上」と「受取利息」，「費用」チームの代表選手は「仕入れ」「給料」「広告費」「支払利息」である。

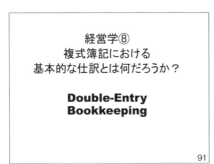

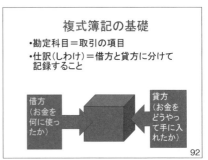

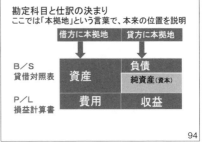

仕訳のポイント

借方（左側）に仕訳	貸方（右側）に仕訳
資産の増加	負債の増加
	純資産（資本）の増加
費用の発生	収益の発生

95

取引の重要な組み合わせ

借方　　　　　貸方

- パターン① 資産の増加＋ 資産の減少－
- パターン② 資産の増加＋ 負債の増加＋
- パターン③ 資産の増加＋ 純資産の増加＋
- パターン④ 資産の増加＋ 収益の増加＋
- パターン⑤ 負債の減少－ 資産の減少－
- パターン⑥ 負債の減少－ 負債の増加＋
- パターン⑦ 費用の増加＋ 資産の減少－
- パターン⑧ 費用の増加＋ 負債の増加＋

96

○勘定はTの形

現金　←勘定科目の例

借方	貸方

資産の勘定
増加額 / 減少額

負債の勘定
減少額 / 増加額

純資産（資本）の勘定
減少額 / 増加額

費用の勘定
発生額

収益の勘定
発生額

取引例①備品を現金20万円で購入した

備品		現金	
20万円			20万円

取引例②仕入れ価格8万円の商品を10万円で売り渡し代金は現金で
受け取った

現金		商品		商品売買益	
10万円			8万円		2万円

97

代表的な勘定科目
＝スポーツチームにたとえて

- 貸借対照表リーグ
  - 資産チーム
    - 現金預金、受取手形、売掛金、有価証券、商品、建物、機械装置 など
  - 負債チーム
    - 支払手形、買掛金、借入金など
  - 純資産チーム
    - 資本金、準備金など
- 損益計算書リーグ
  - 費用チーム
    - 仕入れ、給料、広告費、支払利息など
  - 収益チーム
    - 売上高、受取利息 など

98

基本的な仕訳の例　パターン①～④
- ①営業用車両を現金120万円で購入した。
- ②コピー機50万円を翌月払いの条件で購入した。
- ③資本金300万円で会社を設立し、資金は普通預金に預け入れた。
- ④70万円を売り上げ、代金のうち20万円は現金で受け取り、残りは掛けとした。

	借方（お金の使徒）		貸方（お金の調達先）	
①	車両（資産）	120万円	現金（資産）	120万円
②	器具・備品（資産）	50万円	未払金（負債）	50万円
③	預金（資産）	300万円	資本金（純資産）	300万円
④	現金（資産） 売掛金（資産）	20万円 50万円	売上（収益）	70万円

99

基本的な仕訳の例　パターン⑤～⑧
- ①買掛金50万円を現金で支払った。
- ②買掛金70万円を支払手形を振り出して支払った。
- ③社員の今月分給料50万円を預金を引き出して支払った。
- ④商品100万円を仕入れ、代金は掛けとした。

	借方（お金の使徒）		貸方（お金の調達先）	
①	買掛金（負債）	50万円	現金（資産）	50万円
②	買掛金（負債）	70万円	支払手形（負債）	70万円
③	給料（費用）	50万円	預金（資産）	50万円
④	仕入（費用）	100万円	買掛金（負債）	100万円

100

仕訳の例
（1）仕入れ価格100,000円の商品を
120,000円で売り渡し、代金は現金で受け取った
（2）帳簿価額400,000円の備品を30,000円で
売却し、代金は小切手で受け取り、
ただちに当座預金に預け入れた

	借方		貸方	
（1）	現金（資産）	120,000円	商品（資産） 商品売却益（収益）	100,000円 20,000円

	借方		貸方	
（2）	当座預金（資産） 固定資産売却損（費用）	300,000円 100,000円	備品（資産）	400,000円

＊固定資産：1年をこえる長期にわたって会社が所有する資産

101

仕訳の例
（3）帳簿価額255,000円の株式100株を
280,000円で売却し代金は現金で受け取った

	借方		貸方	
（3）	現金（資産）	280,000円	有価証券（資産） 有価証券売却益（収益）	255,000円 25,000円

＊有価証券：株式 社債 公債など

- 参考資料・文献
- NHK 高校講座 簿記 http://www.nhk.or.jp/kokokoza/tv/boki/index.html
- 佐々木秀一 日経文庫 ベーシック『財務諸表入門 第6版』日本経済新聞社
- 桜井憲二 日経文庫 ベーシック『簿記入門』日本経済新聞社

102

9 生 産

　顧客のさまざまなニーズを充たすために1970年代に日本のトヨタが生み出したのが「トヨタ生産システム」である。世界の製造業に大きな影響を与えたトヨタ生産システムは，徹底した無駄の排除を基本思想とする。

　トヨタ生産システムのコンセプトは「ジャスト・イン・タイム」である。これは「必要な部品を，必要な数量，必要なときに」供給し，生産効率を向上させるという考え方である。「かんばん」と呼ばれる帳票に「何をどれだけ，いつ引き取るか」が記される。

---

9. トヨタの生産方式

Toyota Production System

●参考文献

野口恒『トヨタ生産方式を創った男、大野耐一の闘い』TBSブリタニカ
1988年
門田安弘『新トヨタシステム』講談社 1991年
片山修『トヨタの方式』小学館 1998年
E．ラインゴールド 小幡照雄訳『新生トヨタ 人と戦略』日経BP企画
1999年
高橋伸夫『大学4年間の経営学が10時間でざっと学べる』KADOKAWA
2017年
トヨタ自動車のWEBサイト「トヨタ生産方式」

103

～トヨタの歴史～

●沿革
1937年　豊田式自動織機を発明した豊田佐吉の
　　　　長男・喜一郎がトヨタ自動車工業（株）を設立
1950年　トヨタ自動車販売（株）を設立
1957年　国産乗用車対米輸出第一号
1982年　工販合併、トヨタ自動車株式会社発足
1997年　世界初の量産ハイブリッドカー「プリウス」発売
2008年　897万2,000台で初めて販売台数世界一
2013年　世界で初めて年間生産台数1000万台超え

104

◎ジャスト・イン・タイム
◎自働化
○少人化
○創意工夫

トヨタ生産方式における重要な4つの概念

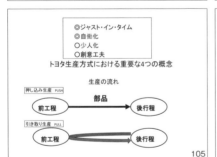

生産の流れ

105

「ジャストインタイム」「自働化」「少人化」「創意工夫」
4つの概念を実現するための8つの手段

1.「かんばん方式」：ジャスト・イン・タイム生産実現
2.「生産の平準化」：需要の変化に適応
3.「段取替え時間短縮」：生産リードタイムを短縮
4.「作業の標準化」：ラインの同期化を達成
5.「機械レイアウト」と「多能工化」：
　　ラインの作業者数を弾力的に増減
1.「改善活動」と「提案制度」：少人数化の小集団で
2.「目で見る管理方式」：自働化を実現
3.「機能別管理方式」：全社的に品質管理を促進

106

トヨタ生産方式のルーツ

・「徹底したムダの排除」の思想と造り方の合理性を追求し、生産全般をその思想で貫きシステム化したトヨタ生産方式
・豊田佐吉が発明した自動織機は、人が手作業で行っていたものを自動化したのみならず、機械に善し悪しを判断させる装置ビルトイン
・トヨタ自動車創業者・豊田喜一郎が「ジャスト・イン・タイム」による効率化を長い年月考え、試行錯誤の末に到達
・ムダとは、ある場合は在庫、ある場合は作業そのもの、ある場合は不良品。それぞれの要素が複雑にからみ合い、ムダがムダを生み、やがて企業経営そのものを圧迫
・不良品を造らないだけではなく、それに伴うムダな作業も効率化することで、生産効率と作業効率を飛躍的に高める
・豊田佐吉の意思を引き継いだ豊田喜一郎が物を造る場合の理想的な状態は、機械、設備、人などが全くムダなく付加価値を高めるだけの働きをしているという理想を実現するため、各作業間、ライン間、工程間でのムダを排除する手法や技法を編み出す
・それが「ジャスト・イン・タイム」

107

トヨタ生産方式の確立

・消費者ニーズの多様化
・少品種大量生産から多品種少量生産へ
・FMS(Flexible Manufacturing System)
　・1台ずつお客様の要望に合ったクルマを、「確かな品質」で手際よく「タイムリー」に造る
　　　↓　　　↓　　　↓　　　↓
・トヨタ生産方式
　ジャスト・イン・タイム：
　　「各工程が必要なものだけを、流れるように停滞なく生産する」
　自働化：
　　「異常が発生したら機械がただちに停止して、不良品を造らない」
　かんばん方式
　　Lean Production （ぜい肉のない筋肉質な）と評され 108

「ジャスト・イン・タイム」
―生産性を向上―
―必要なものを、必要なときに必要な量だけ造る！―

- 生産現場の「ムダ・ムラ・ムリ」を徹底的になくし、良いものだけを効率良く造る
- お客様にご注文いただいたクルマを、より早くお届けするために、次の内容により最も短い時間で効率的に造る
1. お客様からクルマの注文を受けたら、なるべく早く自動車生産ラインの先頭に生産指示を出す
2. 組立ラインは、どんな注文がきても造れるように、全ての種類の部品を少しずつ取りそろえておく
3. 組立ラインは、使用した部品を使用した分だけ、その部品を造る工程（前工程）に引き取りに行く
4. 前工程では、全ての種類の部品を少しずつ取りそろえておき、後工程に引取られた分だけ生産

109

スーパーマーケット方式の導入

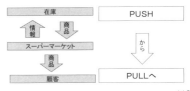

110

ジャストインタイム生産方式を支える道具

- **「かんばん」(kanban)**：ケースに入った帳票
  - 「仕掛けかんばん」に指示された数だけ部品を前工程で作る
  - 「引き取りかんばん」を付けた部品が後工程に運ばれる
    - 後工程が必要となった部品を必要な時に前工程に取りに行く
    - 前工程は、後工程が引き取る部品だけを生産する
- **「指示ビラ」**
  - 組み付ける部品を書いた紙を車にはる

111

にんべんのある「自働化」

品質は工程で造り込む　不良品を後工程に流さない「異常が発生したら機械がただちに停止して、不良品を造らない」

- 「自働化」、すなわち異常が発生したら機械が止まることの実現には安全な仕事が確実にできるまで手作業でつくり込むことが大切。
- まず人がとことんこだわって手作業でラインをつくり込み、改善の積み上げで作業を簡単にしていく。
- 最終的には人間の付加価値がなくなるレベル、つまり誰がやっても同じ作業になるようにした上で、作業を「自働化」やからくりで実際の量産ラインに織り込む。これを繰り返して、機械は簡単な仕組みでかつ安くなりまたメンテナンスの費用や時間も低減、さらには生産量の増減に対応できる「シンプル・スリム・フレキシブルなライン」が可能に。
- この「手作業」こそが、技能の原点。機械やロボットは自ら考え、勝手に進化したわけではなく、匠の技能を移植することで進化できた。
- 手作業を通じてモノづくりの原理原則を知り、現場で応用することで改善を積み上げると「匠の技能」となる。匠の技能に磨きをかけ、同時に匠ならではのカン・コツを機械に織り込む新技術・新工法にチャレンジし続ける「技能と技術のスパイラルアップ」が「自働化」。　112

にんべんのある「自働化」をささえるもの
「ひもスイッチ」と「あんどん」→目で見る管理

① 製造工程に異常が発生すると
② 作業者は 製造ライン上にはられた「ひも」を引く
③ 「あんどん」と呼ばれる掲示板に電気がつき、どの工程で異常があったかがすぐにわかる
④ それを見て組長や班長がかけつけ再び「ひも」を引くと電気が消える
⑤ 一定時間内に直らなければ、ラインは自動的に止まり、不良品を次の工程に送らないシステム

113

省人化から少人化へ

- 生産の合理化へ
- 標準化
- ジョブ・ローテーションの導入
- 多能工の養成

※「人を減らす」のではなく
　「少ない人数で行う」ということ

114

よい品よい考
（よいしなよいかんがえ）

- トヨタ創業以来のモットー
- 従業員ひとりひとりが知恵を出し合いよりよい製品づくりに日々改善(kaizen)を重ねる。
  - 学習する組織
- 1951年 創意工夫発案制度 発足
  - 「らくらくシート」「ワゴン台車」

115

一つの小さな部品が巨人を止めた
1997年2月1日のアイシン精機の工場火災により
ブレーキ関連部品の供給が途絶え、トヨタの主力生産ライン3日間停止
サプライチェーンの寸断

＝トヨタ生産方式：在庫を持たない「ジャストインタイム」
方式の永遠の課題＝「効率性追求」と「安全」のジレンマ
- 1997年2月1日のアイシン精機・刈谷第一工場の火災
- 2007年の新潟県中越沖地震でのリケン柏崎事業所の被災（ピストンリング、シールリング供給停止）
- 2011年3月11日の東日本大震災、車載マイコンを生産するルネサスエレクトロニクスの那珂工場が被災し、3か月生産停止
- 2020年 新型コロナウイルス感染症による工場の操業停止
→サプライチェーンの見える化　　　RESCUEシステム
→代替生産と復旧支援の体制構築　　BCP整備

116

10 マーケティング

伝統的なマーケティング理論では，マーケティングとは4つのPの組み合わせ（マーケティング・ミックス）であると説明された。これはProduct（製品），Price（価格），Place（販売場所），Promotion（宣伝・広告）である。

顧客満足を図るためにどのような顧客層に，どのような製品を開発し，どのような価格づけをして，どのような場所（流通チャネル）で販売し，どのような宣伝や広告をすればよいだろうか。身の回りにある具体的な商品やサービスを取り上げて，それはどのようなコンセプトに基づいて開発されたか，調べてみよう。

マーケティング

Marketing

●参考文献
恩蔵直人 日経文庫『マーケティング 第2版』（日本経済新聞出版社，2019年）
和田充夫 恩蔵直人 三浦俊彦『マーケティング戦略第5版』（有斐閣，2015年）
フィリップ・コトラー著，和田充夫 青井倫一訳『[新版]マーケティング原理』（ダイヤモンド社，1995年）

117

マーケティングの定義の変遷（1）
1985年 AMA（米国マーケティング協会）の定義
＝4つのP(Product/Price/Promotion/Place)（マーケティング・ミックス）中心

• Marketing is
• the process of planning and executing conception, pricing, promotion, and distribution of goods, ideas, and services
• to create exchanges that satisfy individual and organizational objectives.
• マーケティングとは
• 個人や組織の目的を充足する交換を創造するために，
• コンセプト作りをし，価格を決定し，販売促進し，商品，アイデア，そしてサービスの流通を計画し実行するプロセスである。

118

マーケティングの定義の変遷（2）
2004年のAMAのマーケティング定義

• Marketing is
• an organizational function and a set of processes for creating, communicating and delivering value to customers and for managing customer relationships
• in ways that benefit the organization and its stakeholders.
• マーケティングとは，
• 組織とステークホルダー（利害関係者）に有益となるように，
• 顧客に価値を創造・伝達・提供し，顧客との関係を管理するための組織の機能と一連のプロセスである。

119

マーケティングの定義の変遷（3）
2007年のAMAのマーケティング定義

• Marketing is
• the activity, set of institutions, and processes for creating, communicating, delivering, and exchanging offerings that have value for customers, clients, partners, and society at large.
• マーケティングとは，顧客，依頼人，パートナー，社会全体にとって価値を持つ提供物を創造し，伝達し，届け，交換するための活動であり，一連の制度であり，そしてプロセスである。

120

マーケティング研究の第一人者
フィリップ・コトラー

Create value とは

　Product(Service)management 製品管理
Communicate valueとは

　Branding (Brand management)ブランド管理
Deliver value とは

　Customer management　顧客管理

121

マーケティング・ミックス

4つのPの最適な組み合わせ
Basic Marketing
　McCarthey(1968)より
• **Product**
• **Price**
• **Place**
• **Promotion**

122

キーワード(1)
CS（顧客満足）

- **Customer**
- **Satisfaction**

123

キーワード(2)
市場の細分化

- マーケット・セグメンテーション
- **Market Segmentation**

- 基準
- 性別, 年齢, 生活スタイル, 購買行動

124

Product

- 消費者のニーズ多様化
- 小品種大量生産→多品種少量生産
- FMS
- （Flexible Manufacturing System）
- トヨタ生産方式
  - ジャスト・イン・タイム
  - かんばん方式

125

ブランドとは

- コトラー(P. Kotler)
- ブランドとは販売者ないしは販売グループの製品やサービスを識別し, それらを競合他社から差別化するために付される名前, 言葉, 記号, シンボル, ないしはこれらの組み合わせからなるもの

126

ブランド資産とは
Brand Equity

- アーカー(D.A.Aaker)
  - ①ブランド・ロイヤルティ,
  - ②ブランド・ネーム認知度,
  - ③知覚される品質,
  - ④ブランド連想,
  - ⑤ブランドに関する特許・商標権
- National Brand とPrivate Brandのちがい

アーカー著, 陶山計介訳
『ブランド優位の戦略』(ダイヤモンド社)より

127

Price (1)

- 建値制
  - 仕切価格（工場→卸店）
  - 卸価格　（卸店→小売店）
  - 小売価格　（小売店→消費者）
  - メーカー希望小売価格

参考 コトラー著, 和田充夫＋青井倫一訳
『【新版】マーケティング原理』(ダイヤモンド社1995年)

128

Price（2）

- オープン価格
  - メーカーが卸店に対して仕切り価格のみ提示
    - 仕切り価格（工場→卸店）
  - 「あとは自由に価格設定をして下さい」
  - リベート体系の簡素化・透明化

129

キーワード(3)
ニッチ・マーケティング

- **Niche　Marketing**
- 他の企業が取り扱っていない「すきま」をねらう

130

Place（流通チャネル）

- 「そうは問屋が卸さない」の時代
- →戦後，メーカー主導型チャネル構築
- →量販店・コンビニエンスストアの台頭

- →IT（情報技術）とマーケティング
- 流通コストの削減
- インターネットの活用
- Amazonの登場

131

Promotion
AIDMAの法則

- Attention
- Interest
- Desire
- Memory
- Action

132

「宅急便」のケース

- 大和運輸（現 ヤマト運輸）

小倉昌男『経営学』
（日経BP社，1999年より）

133

ニッチ（niche すきま）

- 大和運輸（現 ヤマト運輸）
- 1976年「宅急便」サービス開始
- 「長距離・大量輸送」の全盛時代に
　→「小口宅配」に着目

134

CS（Customer Satisfaction）
顧客満足

- 「全国どこでも翌日配達」
  - 過疎地でも
- 「クール宅急便」
  - 北海道の例：
  - オホーツクのホタテ・鮭、十勝のアスパラ、夕張のメロンなどの北海道ならではの新鮮なおいしい名産物を全国の家庭に直送

135

CS（顧客満足）
「日本のわがまま運びます」

- 「全国どこでも翌日配達」
- 「クール宅急便」
- 「スキー宅急便」
- 「ゴルフ宅急便」
- 「空港宅急便」

136

Brand

- 戦後の大和運輸
  - アメリカの駐留軍関係者の本国引き揚げ時の各種輸送業務を請け負い
  - 1957年 受注拡大のためにアメリカのアライド・バン・ラインズ社と業務提携

137

Brand

- アライド・バン・ラインズ社のマークが「親子猫」だった
- 親猫が小猫を優しく口にくわえて運んでいる→「お客様の荷物をていねいに取り扱う」
- 許可を得て「クロネコマーク」をデザイン

138

事例　市民マラソン大会のマーケティング
東京マラソンが開始された2007年から急増
現在、1700以上の大会

139

急増する市民マラソン　何をアピールするのか？

○　都市型　市民マラソン
「大阪マラソン」
・まいどエイドでのおもてなし
・大阪市の観光地をめぐるコース設定

○　地域振興型　市民マラソン
「増田明美さん いすゞ健康マラソン」
・増田明美さんとスタッフの温かさ
・田園風景の中を走る癒し

140

事例：防災・環境問題に役立つ商品のマーケティング
・木の塀「スーパーフェンス」大阪府・高槻市　港製器工業（株）
　・地震で倒壊する危険性のある老朽化したブロック塀を代替
　・間伐材や地域の木材を活用
　・2018年6月18日の大阪北部地震で小学校のブロック塀倒壊事故

口コミ

防災展

社会的有用性
で通常製品との
価格差を説明

141

家のブロック塀が老朽化している。
孫ら未来の世代のことを考えて、木の塀にしますか？

高槻　古曽部　防災運動公園　野球場

142

事例：気仙沼オイカワデニムの商品開発　ピンチをチャンスに(1)
メイドインジャパンのデニム「スタジオ・ゼロ」
・気仙沼　オイカワデニム
　・1981年創業　デニムのジーンズメーカー
・大手ブランドのOEM生産　中心
　・大手ブランド各社が海外生産に
　　切り替えたため注文が激減！
・「仕事がないなら自由な発想で
　ジーンズの試作品を作ってみよう」
・⇒下請けから脱皮して独自ブランド立ち上げ
・「スタジオ・ゼロ」
　・世界初の麻だけでできた縫い糸
　・6ヶ月の保証書付き（服で保証書は珍しい）
　・ゼロからの出発。ゼロは及川のオーに似る

143

事例：気仙沼オイカワデニムの商品開発　ピンチをチャンスに(2)
東日本大震災　漁業関係者との避難生活から得たヒントに
メカジキの角の成分を使った製品
・2011年3月11日の津波で社長宅と倉庫が流失
・3年前に高台に移転していた工場は無事で避難所に
　・①避難生活中の漁業関係者との会話からヒントを得る
　・②避難生活によって資源の大切さを痛感
　・①と②からメカジキの水揚げ量が日本一の気仙沼
　　で、角はすべて廃棄されていたことを知り
　　・⇒メカジキの角の成分を含む製品を開発
　　　・⇒メカジキジーンズ

144

事例：気仙沼オイカワデニムの商品開発　ピンチをチャンスに(3)
東日本大震災　地域再生と地域雇用の促進
から生まれた新ブランド「Shiro 0819」
・地域再生のために工場再開・被災失業者を積極雇用
・工場再開時に、被災後お世話になった方々に御礼として
　バックを作って配る
　・未熟練者でも製作できる生地の直線カット中心の製品
　・使用済みの大漁旗をカットして製品に使用
　・⇒ブランド化「Shiro0819」：白紙からのとりくみ＋着想した日付

経営危機を商品開発で克服した最も知られた例として
・アサヒビールによる「アサヒ　スーパードライ」の開発

145

事例：八木良太『音楽で起業する
8人の音楽起業家たちのストーリー』(Stylenote, 2020年)
に描かれた音楽マーケティングの姿
・音楽と最新のテクノロジーを融合してビジネス展開
・nana music：スマートフォンで世界の人と音楽でコラボできるサービス
・リムジカ：介護福祉現場に要介護者が主体的に楽しめる音楽の場づ
　くり（ミュージックファシリテーション）
・ユーマ／Pinc：音楽リラクゼーションまで、クラブ／エレクトロニック・ミュー
　ジックからネット発ミュージックまで。
・クレオーガ：楽曲使用ライセンス売買の場「オーディオストック」
・アリアミュージックオフィス：切って貼って剥がせる五線テープ「五楽
　線」などのアイディア商品、音楽を使ったメンタルヘルスケア事業
・テンペストスタジオ：ゲーム音楽、劇伴音楽、キャラクターソング制作
・リトルクラシックin Kawasaki：小学校等で劇・映像や即興演奏等を取
　り入れた様々な形態の音楽活動事業
・CotoLab.：プレイリストのシェアサービスDIGLE

146

参考文献

第Ⅰ部

亀井克之『決断力にみるリスクマネジメント』ミネルヴァ書房，2017年。

亀井克之・杉原賢彦『フランス映画に学ぶリスクマネジメント　―人生の岐路と決断』ミネルヴァ書房，2022年。

奈良由美子『改訂版　生活リスクマネジメント』放送大学教育振興会，2017年。

日本規格協会『対訳 ISO31000 : 2018』2019年。

山口周『世界のエリートはなぜ「美意識」を鍛えるのか？』光文社新書，2017年。

山崎亮『コミュニティデザイン』学芸出版社，2011年。

Kaplan, R. S. and Mikes, A. "Managing Risks: A New Framework", *Harvard Business Review*, June 2012.

第Ⅱ部

内海慶一（日本ピクト学会）『ピクトさんの本』BNN，2007年。

亀井克之『経営学とリスクマネジメントを学ぶ』法律文化社，2014年。

三菱総合研究所・全国大学生活協同組合連合会『最新対応版　大学生が狙われる50の危険』青春出版社，2014年。

第Ⅲ部

日本損害保険協会『損害保険ファクトブック2023』

大谷孝一・中出哲・平澤敦『はじめて学ぶ損害保険』有斐閣ブックス，2012年。

亀井克之「事故と損害保険」関西大学社会安全学部編『事故防止のための社会安全学』第14章，ミネルヴァ書房，2013年。

木村栄一・野村修也・平澤敦『損害保険論』有斐閣，2006年。

杉浦武彦『現代の損害保険〔第3版〕』保険教育システム研究所，2017年。

玉村勝彦『損害保険の知識〔第3版〕』日経文庫，2011年。

中出哲・中林真理子・平澤敦監修・損害保険事業総合研究所編『基礎からわかる損害保険』有斐閣，2018年。

松島恵『損害保険入門』成文堂，2008年。

索　引

■著者紹介

亀井克之（かめい　かつゆき）

関西大学社会安全学部 教授
日本リスクマネジメント学会 理事長

1962年　大阪府生まれ
1990年　大阪外国語大学大学院　修士課程フランス語学専攻修了
1997〜1998年　フランス政府給費留学生としてエクス・マルセイユ第三大学 IAE（企業経
　　営研究院）に留学し DEA（経営学）取得
2002年　大阪市立大学大学院　博士（商学）

【主要著書】

『新版フランス企業の経営戦略とリスクマネジメント』（法律文化社，2001年）（日本リスク
　　マネジメント学会賞，渋沢・クローデル賞　ルイ・ヴィトン　ジャパン特別賞）
『基本リスクマネジメント用語辞典』（編著）（同文舘出版，2004年）
『経営者とリスクテーキング』（関西大学出版部，2005年）
『ワイン・ウォーズ：モンダヴィ事件』（トレス著，訳書）（関西大学出版部，2009年）
『ソーシャル・リスクマネジメント論』（共著）（同文舘出版，2012年）
『危機管理とリーダーシップ』（共著）（同文舘出版，2013年）
『子どもの安全とリスク・コミュニケーション』（共著）（関西大学出版部，2014年）
『現代リスクマネジメントの基礎理論と事例』（法律文化社，2014年）
『経営学とリスクマネジメントを学ぶ：生活から経営戦略まで』（法律文化社，2014年）
『新たなリスクと中小企業：日仏シンポジウムの記録』（編著）（関西大学出版部，2016年）
『日本的リスクマネジメント理論の現代的意義—亀井利明最終講演の記録—』（共著）（関西
　　大学出版部，2016年）
『市民マラソンがスポーツ文化を変えた』（共著）（関西大学出版部，2017年）
『決断力にみるリスクマネジメント』（ミネルヴァ書房，2017年）
関西大学社会安全学部編『社会安全学入門』（ミネルヴァ書房，2018年）第11章「リスクマ
　　ネジメント」，第13章「クライシスマネジメント」
Risk Management — Basic Theory and Case —（Kansai University Press, 2019）
『続・市民マラソンがスポーツ文化を変えた』（共著）（関西大学出版部，2020年）
上田和勇編『復元力と幸福経営を生むリスクマネジメント』（同文舘出版，2021年）第1章
　　「現代企業におけるリスク情報の開示の意義」
『日英仏　日本拳法の基本習得教書—日本拳法に学ぶリスクマネジメント』（関西大学出版
　　部，2021年）
『フランス映画に学ぶリスクマネジメント—人生の岐路と決断』（共著）（ミネルヴァ書房，
　　2022年）
関西大学社会安全学部編『検証　COVID-19災害』（ミネルヴァ書房，2022年）第10章「企
　　業への影響対策」（共著）
『日仏対訳　フランス医療機関におけるアート　アートとリスク感性』（関西大学出版部，2023年）
『ファミリービジネスの事業承継と経営戦略』（編著）（関西大学出版部，2024年）

■イラスト

村上あかり　　中塚登美子　　亀井克之　　朝陽このみ　　上坂 朝

Horitsu Bunka Sha

生活リスクマネジメントのデザイン〔第3版〕
──リスクコントロールと保険の基本

2018年 5 月10日　初　版第 1 刷発行
2020年10月10日　第 2 版第 1 刷発行
2024年10月 1 日　第 3 版第 1 刷発行

著　者　　亀井克之
　　　　　かめ い かつゆき

発行者　　畑　　　光

発行所　　株式会社 法律文化社

　　　　　〒603-8053
　　　　　京都市北区上賀茂岩ヶ垣内町71
　　　　　電話 075(791)7131　FAX 075(721)8400
　　　　　https://www.hou-bun.com/

印刷：中村印刷㈱／製本：㈱吉田三誠堂製本所
装幀：仁井谷伴子

ISBN978-4-589-04354-2

亀井克之著
現代リスクマネジメント の 基 礎 理 論 と 事 例
A5判・234頁・2750円

現代はリスク社会である。そのリスクをうまく管理＝マネジメントしないと，経営体（企業）は危機に瀕する。中小企業の事業継承問題から経営者のメンタルヘルスまで，現代企業経営の様々なリスクマネジメントについて紹介・考察する。

津島昌寛・山口 洋・田邊 浩編
数学嫌いのための社会統計学〔第3版〕
A5判・230頁・2970円

社会統計学の入門書として，数学が苦手な人でも取り組みやすいように，実際のデータを利用して分析の手順を丁寧に説明する。練習問題をバージョンアップし，より充実した学習を可能にした。社会調査士資格取得カリキュラムC・Dに対応。

轟 亮・杉野 勇編
入門・社会調査法〔第4版〕
―2ステップで基礎から学ぶ―
A5判・272頁・2750円

量的調査に焦点をあわせた定評書の改訂版。コンピュータ支援型調査等の最新情報を盛り込んでさらに充実。調査を実施する前提としての基礎と実践的な発展にわけて解説。社会調査士資格取得カリキュラムA・B・G対応。

杉野 勇著
入 門 ・ 社 会 統 計 学
―2ステップで基礎から〔Rで〕学ぶ―
A5判・246頁・3080円

統計分析フリーソフト"R"を用いて，社会統計学の専門的な知識を基礎と発展とに分けて解説。サポートウェブサイトを開設し，さらに懇切丁寧に手解きする。社会調査士資格取得カリキュラムD・E・Iに対応。

工藤保則・寺岡伸悟・宮垣 元編
質 的 調 査 の 方 法〔第3版〕
―都市・文化・メディアの感じ方―
A5判・194頁・2860円

質的調査に焦点をあわせた定評書に，新たに2つの調査の方法，分析・考察の手法をくわえてヴァージョンアップ。調査の達人たちがその「コツ」を披露する。社会調査士資格取得カリキュラムF・Gに対応。

―――法律文化社―――

表示価格は消費税10％を含んだ価格です